T0267850

Cómo leer un balance sin ser economista

RICARDO MARTÍN DE ALMAGRO

Cómo leer un balance sin ser economista

ALMUZARA

Editorial Almuzara • Colección Economía y empresa
Director editorial: Antonio Cuesta
Editor: Alfonso Orti

www.editorialalmuzara.com
pedidos@almuzaralibros.com - info@almuzaralibros.com

Editorial Almuzara
Parque Logístico de Córdoba. Ctra. Palma del Río, km 4
C/8, Nave L2, n.º 3. 14005, Córdoba

Imprime: Gráficas La Paz
ISBN: 978-84-10522-20-6
Depósito legal: CO-786-2024
Hecho e impreso en España - *Made and printed in Spain*

Índice

9

Prólogo

Acudiendo al Ministerio de Trabajo y Economía Social del Gobierno de España nos encontramos con que, en 2020, el número de autónomos era de 3 211 267. Si consultamos el correspondiente a 2021, observamos que evolucionó hasta 3 292 932. Y en 2022 se quedó en 3 332 636. Por último, la cifra alcanza los 3 335 194 autónomos en 2023. Es decir: en el transcurso de tres años, la cantidad de personas inscritas en el Régimen Especial de Trabajadores Autónomos ha crecido en 123 927, cerca de un 4 %.

Por otro lado, el número de pequeñas y medianas empresas (pymes) en 2023 ascendía a 2 921 277, mientras que las grandes empresas eran solamente 5684. Esto es: el 99 % de la estructura productiva de España está compuesta por empresas con menos de 250 trabajadores de acuerdo con los datos que ofrece el Ministerio de Industria y Turismo. Este conglomerado de pymes da trabajo a cerca de 9,5 millones de trabajadores, mientras que las grandes empresas emplean a casi 6,5 millones.

Datos como estos ponen de manifiesto la enorme relevancia en la economía nacional de autónomos, pequeños empresarios y emprendedores en general. España es un país cuya estructura productiva se explica en gran medida no por la presencia de grandes corporaciones, sino por la actividad de particulares que, cada vez en mayor proporción, salen al mercado alentados por la idea de explotar oportunidades. No obstante, la letra pequeña de las cuentas, de la rentabilidad, de la manera de asegurar que se cumpla la ecuación fundamental de activos, pasivos y patrimonio neto una vez lanzado un proyecto, también acaba condenando al fracaso a numerosas ideas brillantes y está trayendo a muchos de cabeza, por la incapacidad manifiesta de manejar herramientas básicas como el balance sin haber sido advertidos e instruidos para ello.

La contabilidad no es una ciencia sencilla, y mucho menos cuando no se nos ha revelado en qué consiste a ciencia cierta, cuál es su fundamento y para qué la necesitamos. No es fácil interpretar los hechos económicos que nos acontecen si no poseemos las métricas o los indicadores pertinentes. Por eso, me propongo en este libro echar un cable a todo el que, sin ser economista, quiera o necesite introducirse en el desconocido mundo de las finanzas de un negocio y prepararse para utilizar sus principales recursos, con vistas a procurar que no se conviertan en un estorbo, sino en un aliado, para alcanzar el éxito laboral.

A la hora de abordar la contabilidad de tu empresa particular, el punto de partida en el que habríamos de situarnos no es otro que saber qué es lo que vamos a hacer. Es decir: si ahora te propongo «desarrollar los asientos contables de un balance», nada más que con estas pocas palabras, puede que ya empiece a sonarte raro e inusual y te resulte fácil perderte. Tranquilo, te aseguro que nos expresaremos con claridad y precisión, de la mano de innumerables ejemplos que servirán de ilustración para tu caso.

Como paso previo a usar los habituales tecnicismos contables, es mejor que tengas claro qué es qué y el por qué.

Antes que aprender de memoria lo que tienes que realizar al montar un balance, es prioritario entender una serie de conceptos elementales de esta disciplina que van a acompañarte en tu andadura a partir de hoy mismo, presentados en estas líneas siempre desde un punto de vista práctico.

Si acudiésemos a libros académicos, estos se esmerarían en desarrollar tres o cuatro acepciones diferentes para decir al final lo mismo, pero usando otras palabras: de entrada, la contabilidad es contar lo que sucede dentro de tu empresa. Es decir, se trata de expresar con cuentas el día a día de tu actividad. Ahora bien, ¿qué cuentas? Por un lado, las que reflejan lo que tienes a tu disposición, esto es, aquello sobre lo que tienes derechos y que te permite ejecutar propiamente esa actividad económica:

— El local donde desarrollas tu actividad comercial.
— La maquinaria que necesitas a diario.
— Las mercancías que elaboras.
— Los clientes que tienen que pagarte.
— El efectivo que entra y sale de tu caja.
— Los anticipos que otorgas a empleados.

Pero no solo eso. También hay que observarlo desde el prisma de tus obligaciones, aquello que debes a determinadas personas (físicas y jurídicas) más allá de tu propia empresa, véanse:

— Los proveedores que te venden la materia prima o las mercaderías.
— Los acreedores a los que debes servicios.
— Préstamos a corto y largo plazo.
— Impuestos que debes pagar a Hacienda.

En suma, con los conceptos de derechos y obligaciones podemos dibujar casi toda la vida que transcurre dentro de tu negocio. *Casi*, porque hay algo que va más allá de tus obligaciones y posibilita que creas y desarrolles tu empresa: esto son las aportaciones de los socios de la misma, o lo que es lo mismo, el capital (también llamado «patrimonio neto» o «fondos propios»).

Derechos y obligaciones servirían para ver una foto, una imagen estática de la actividad de tu negocio en un momento determinado del tiempo. Y para esto es útil el balance: para conocer, en un momento determinado, cómo está la empresa. En cambio, en la contabilidad no solo se trata de hacer fotografías del negocio, sino también de ver cómo evoluciona. Para ello está necesitarás la «cuenta de resultados», que emplearemos a la par y nos permitirá saber el total de los ingresos y gastos durante un periodo determinado, identificar de dónde proceden estos y comprender cómo ha evolucionado en el tiempo la empresa; nos detallará su comportamiento y así determinaremos con mayor precisión qué está pasando en nuestro negocio, si tenemos beneficios o pérdidas y las consecuencias que de aquí se deriven, así como qué soluciones es más oportuno adoptar ante los problemas que se presenten.

La capacidad de registrar y controlar lo que ocurre en una empresa, de entender y potenciar al máximo su funcionamiento, descansa sobre un buen manejo del balance y la cuenta de resultados, que se postulan, de este modo, como la base para para convertirse en el contable idóneo para ese negocio. Y es que la contabilidad pasa, en efecto, por pararse a ver cómo evoluciona tu nivel de mercaderías, el efectivo del que dispones en la caja, tu situación respecto a los impuestos, el dinero debido en préstamos, el capital que aportas al negocio, los gastos e ingresos que posees, etc. Con esta información, reflejados nuestra realidad económica y lo que estamos haciendo con nuestros recursos (ganados, ahorrados, prestados, heredados, etc.), podremos tomar decisiones de acuerdo con los riesgos y oportunidades que sobrevuelen en torno al negocio.

Tú, como empresario, empleado, gestor o gerente, vas a tener una responsabilidad sobre cómo evoluciona aquello que está bajo tu gestión, ya sea tu bar, tu tienda, tu fundación, una entidad pública... Hay casos en los que las mismas leyes nos van a obligar a llevar una contabilidad conforme a ciertos preceptos, a requerimientos que van asociados al mundo del derecho mercantil en cuanto que establecen obligaciones de depositar esas cuentas en los registros o en organismos semejantes de la Administración pública. Sin embargo, en este libro no nos centraremos en las cuentas que se desarrollan dentro del Plan General Contable, en el caso de España, o en análogos de otros países. El objetivo último que perseguimos en esta obra es ayudar al empresario, gestor o administrador a resolver de una forma práctica dudas conceptuales que le puedan surgir en el día a día de su función. Consecuentemente, la contabilidad a grandes rasgos, en toda su complejidad, va a ser algo tan simple como llevar las cuentas de tu trabajo.

Tu misión reside en tener claro qué tienes y qué debes, además de cuándo lo debes. ¿A qué corresponde cada uno de nuestros activos y pasivos? ¿Cómo cuantificar nuestro patrimonio? ¿De qué forma es preferible perseguir el equilibrio en el uso de los recursos propios y ajenos? ¿Cuál es la manera idónea de lidiar con las deudas en el corto o el largo plazo? ¿Se puede prever con mayor acierto la evolución de nuestros ahorros para estudiar la viabilidad de futuras operaciones? Es el momento de empezar a contestar a todas estas preguntas y otras tantas.

PRINCIPIOS CONTABLES BÁSICOS

Antes de entrar de lleno en el campo de la contabilidad, es preciso especificar las reglas del juego. Hay una serie de normas o de principios que permiten medir cómo se rige la contabilidad desde que iniciamos nuestra actividad comercial hasta que cerramos la empresa, antes incluso de sumergirnos en el baile de números. Nos referimos a los principios contables básicos, que, aun en nuestro afán de alejarnos del academicismo y el artificio, no podemos ignorar si queremos saber cómo proceder en cada momento.

*   *   *

Principio de entidad

Es muy importante aclarar aquí que los registros contables de la empresa deben permanecer separados de las finanzas personales de los propietarios. Es decir, que, si soy el dueño de una empresa, debo tener muy claro que una cosa es la situación financiera de mi empresa, que es un ente autónomo separado de mí, y otra cosa son mis finanzas personales. No vayamos a creer que, porque tengamos ahorrados en nuestra cuenta personal 6000 €, ese dinero ya es parte del capital de nuestro negocio.

Principio de la partida doble

Esta regla significa que cada hecho contable, al ser registrado como transacción contable, va a constar de al menos dos partes o elementos contabilizados: el Debe y el Haber.

Consecuentemente, como cada transacción contable va a ser registrada haciendo un apunte por el lado del Debe y otro por el del Haber, cuando se sumen todos los Debes registrados con todos los Haberes, el valor resultante de ambos deberá ser el mismo.

CUENTA DE ACTIVO

Debe (+)	Haber (-)

CUENTA DE PASIVO

Debe (+)	Haber (-)

CUENTA DE PATRIMONIO NETO

Debe (+)	Haber (-)

Principio del devengo

Este principio hace referencia a los ingresos y los gastos, los cuales serán reconocidos cuando se materialicen, con independencia de cuándo se pague o reciba el efectivo o la transferencia bancaria en cuestión. Si hoy compro material de oficina a la copistería de la que nos aprovisionamos, el gasto se materializa en el día de hoy, ya le pague al momento, mañana, la semana que viene o a fin de mes.

Principio de consistencia

Las reglas contables que empleemos debemos mantenerlas constantes a lo largo del tiempo, para así permitir que los estados financieros que generemos (balance y cuenta de resultados principalmente) sean comparables. Si utilizamos unas normas contables siguiendo una serie de cuentas, hemos de conservar las mismas con el fin de asegurar la coherencia y trazabilidad de la información que estemos compartiendo a través de los estados financieros.

Principio del coste histórico

Significa que, cuando vayamos a contabilizar los activos en nuestro balance, deberemos hacerlo siempre al coste por el que los adquirimos. Es decir: si compramos mercaderías que nos costaron 10 000 €, tendremos que dar de alta este hecho contable por este valor, con independencia de que después vendamos estas mismas mercaderías a un precio superior al que las adquirimos.

Principio de conservación del valor

Este principio va ligado al anterior y expresa una idea semejante: hemos de registrar los activos por su coste, o lo que es lo mismo, no debemos registrarlos sobrevalorándolos de manera intencionada. Ahora bien, sí se puede registrar la depreciación que nuestros activos sufren por los deterioros y las amortizaciones (por ejemplo, no va a valer lo mismo un camión nuevo y recién comprado que un camión que tiene siete años de antigüedad).

Principio de materialidad

Las cifras que reflejemos en nuestros balances y cuentas de resultados deben ser materialmente precisas. Esto es, que no se deben dar errores o inexactitudes que transformen de forma significativa la imagen financiera que estábamos dando de nuestra empresa con los estados financieros que confeccionamos.

Principio de revelación completa

Cuando elaboremos nuestros estados financieros (el balance y la cuenta de resultados), tendremos la obligación de redactar notas que faciliten a terceros comprender con mayor precisión el desempeño de la empresa, así como su situación financiera. Estas notas son párrafos, aclaraciones que introducimos para evitar ambigüedades y posibles confusiones.

HECHOS CONTABLES

Un aspecto fundamental para comprender esta disciplina que tratamos es ser capaces de discernir qué es un hecho contable y qué no lo es. Podríamos afirmar que un hecho contable es cualquier actividad o evento económico que nos genere o derechos de cobrar algo u obligaciones de pagar; conceptos, ambos, susceptibles de ser registrados y documentados en los archivos contables que manejemos.

Por ejemplo, si voy al banco para contratar un préstamo, está teniendo lugar un hecho contable: estoy contrayendo obligaciones que darán lugar a pagos al devolver las cuotas del préstamo. Asimismo, el préstamo me otorgará el derecho a cobrar, a recibir, la cuantía por la que estoy firmando el contrato. Si se estipula que recibiré 20 000 €, el banco estará obligado a depositar esta cuantía en una de mis cuentas bancarias, por lo que yo tendré el derecho a exigir ese dinero, y la entidad financiera, la obligación de dármelo. Toda esta casuística se registrará en los libros contables: de un lado, en el pasivo anotaré esta nueva obligación, dividiéndola según las cuotas que deba pagar en pasivo corriente (lo que haya que devolver en los próximos 12 meses) y no corriente (lo pendiente de devolver en más de 12 meses); de otro lado, en la parte de activo corriente podré anotar esa disposición de dinero, ya sea en la cuenta «Bancos» o, si lo recibo en efectivo, pongamos que en «Caja». Eso sí, este caso es un ejemplo de activo corriente al tratarse de efectivo susceptible de ser consumido en un plazo inferior al año.

En los libros contables es donde vamos a plasmar los hechos contables de nuestra empresa, disponiéndolos cronológicamente según sucedan en el tiempo. De este modo podremos llevar un registro ordenado y sistemático de todo cuanto acontece en nuestro negocio, considerando todos los eventos económicos y financieros que nos atañan.

Ahora supongamos que nos dedicamos a la producción de yogures y necesitamos comprar grandes cantidades de leche para producirlos. Según nuestro proceso productivo, las cuentas contables de activo que más se verán afectadas serán las de «Materias primas» (que correspondería a la leche comprada), «Productos en curso y semiacabados» y «Productos terminados», contando entre estos últimos los que estarían preparados para la venta.

— 20 de enero de 2023: Adquirimos 1000 litros de leche por un total de 800 €. Nuestro proveedor nos emite factura para ello.

— 21 de enero de 2023: Utilizamos los 1000 litros de leche, la cual transformamos en un yogur que debe reposar tres días antes de ser envasado.

— 22 de enero de 2023: Compramos 2500 litros de leche. Hemos mejorado las condiciones durante la negociación y el coste es de 1750 €, formalizado mediante factura. Empleamos la mitad de lo comprado directamente en nuestra producción, añadiéndolo a las máquinas de nuestra fábrica y pasando a reposar.

— 24 de enero de 2023: Retiramos la producción del 21 de enero, la cual envasamos y vendemos directamente a una cadena local de supermercados. La cadena nos paga mediante transferencia bancaria 1000 € por los yogures producidos.

— 30 de enero: Pagamos 1000 € a nuestros proveedores de leche.

Todo esto es una secuencia de hechos contables que ocurre en el día a día de la economía. En los libros se registraría de la siguiente manera:

Activo

Materias primas

Debe (+)	Haber (-)
20 de enero de 2023: 800 €	21 de enero de 2023: (-) 800 €
22 de enero de 2023: 1750 €	22 de enero de 2023: (-) 875 €[1]

Productos en curso y semiacabados

Debe (+)	Haber (-)
21 de enero de 2023: 800 €	24 de enero de 2023: (-) 800 €
22 de enero de 2023: 875 €	

---

1   Como dice el enunciado del ejemplo, la mitad de los 1750 € de leche comprada va a parar directamente al proceso productivo, por lo que, automáticamente, 875 € de las materias primas se deducirán para incorporarse a la cuenta de productos en curso.

PRODUCTOS TERMINADOS

Debe (+)	Haber (-)
24 de enero de 2023: 800 €	24 de enero de 2023: (-) 800 €

BANCOS

Debe (+)	Haber (-)
24 de enero de 2023: 1000 €	30 de enero de 2023: (-) 1000 €

PASIVO

PROVEEDORES

Debe (+)	Haber (-)
30 de enero de 2023: (-) 1000 €	20 de enero de 2023: 800 €
	22 de enero de 2023: 1750 €

En el ejemplo no se ha considerado cómo actuaría el denominado impuesto sobre el valor añadido (IVA). Si lo incluyésemos en la ecuación suponiendo que los precios expresados no estaban incorporando el IVA, habríamos de anotarnos dos hechos contables. Por una parte, que, al comprar a nuestro proveedor, tendremos el derecho de deducirnos ese IVA (es decir, un derecho de cobro); por otra, que, al venderle al supermercado local, tendremos la obligación de presentar el IVA cobrado a Hacienda. Siguiendo el caso anterior, se nos quedarían dos cuentas adicionales a las que acabamos de desarrollar:

Activo

Impuestos que cobrar/Hacienda pública deudora

Debe (+)	Haber (-)
20 de enero de 2023: 168 €[2]	
22 de enero de 2023: 367,5 €	

Pasivo

Impuestos que cobrar/Hacienda pública acreedora

Debe (+)	Haber (-)
	24 de enero de 2023: 210 €

Como podemos ver, las actividades que llevamos a cabo tienen muchas aristas que contemplar a la hora de realizar la contabilidad de la empresa. Por ello, deberemos ser cautos y prestar atención al detalle para que no se nos escape.

Igualmente, es importante, que al anotar los hechos contables en los libros diarios, tengamos en cuenta la secuencia en que han acontecido. El apuntarlos cronoló-

---

2   En este ejemplo estamos aplicando el 21 % del IVA a las transacciones, considerando que, en el precio, no estaba incluido el IVA. Aplicamos el 21 % a los precios expresados para conocer la cuota que le debemos a Hacienda o que esta nos debe a nosotros. En este caso, tenemos derecho a deducirnos de IVA las cuantías de 800 € × 21 %, del 20 de enero, y de 1750 € × 21 %, del 22 de enero; como parte de nuestro activo. Después, como hemos vendido 1000 € de yogures el 24 de enero, tendremos que abonarle a Hacienda 1000 € × 21 %, surgiéndonos con ello una obligación, un nuevo pasivo.

gicamente se revelará imprescindible para sortear equivocaciones y desajustes que comprometan la contabilidad de la empresa. El orden que mantengamos hoy nos evitará más de un dolor de cabeza el día de mañana.

A simple vista, podría parecer que todo lo que ocurre en la empresa es un hecho contable… pero ¿es realmente así? Bueno, no serán hechos contables aquellos que no afecten ni económica ni financieramente a la empresa.

Si sacamos un billete de 100 € para que el kiosco de nuestra calle nos lo cambie por cinco de 20 €, ¿está cambiando la situación financiera del negocio? Es fácil intuir que no, no se da ninguna modificación en nuestra tesitura económica o financiera.

Si establecemos nuestra empresa en unas oficinas que alquilamos a una inmobiliaria y esta nos ofrece movernos a otras, ¿estaríamos ante un hecho contable? Depende. Si el traslado es a unas oficinas cuyo alquiler es mayor, podemos afirmar que sí habría un hecho contable que registrar: al tener que pagar más, la situación financiera varía, da pie a un cambio en los registros financieros. Si el traslado es a unas oficinas cuyo alquiler es menor que el primero, también estaremos ante un hecho contable que modifica la situación financiera del negocio, en este caso a mejor, y que afectará a los registros contables. En cambio, si el alquiler de la primera oficina y de la segunda es el mismo, no estaremos ante un hecho contable pues no va a haber modificación alguna en los registros contables y la tesitura de nuestras finanzas permanece inalterada. Eso sí, los gastos que se generen a raíz de la mudanza sí supondrán un hecho contable (como sería el caso de pagar los servicios de una empresa encargada de la mudanza).

Veamos una serie de «hechos» para determinar cuáles serían contables y cuáles no:

—Compramos mercaderías por 1200 €, pagando en efectivo: Se da un cambio en los registros contables, ya que sustituimos efectivo por mercaderías. El libro diario de la cuenta «Caja» disminuirá por el Haber mientras la cuenta «Mercaderías» crece por el Debe.

—Contratamos a un nuevo trabajador, cuya nómina serán 1500 € al mes: Se trata de una contratación que afecta directamente a la situación financiera y da pie a un cambio en los registros contables, ya que la cuenta de pasivo «Sueldos por pagar» se acrecentará y se ocasionará un impacto en las cuentas de sueldos y salarios, que afectará a la cuenta de resultados.

—Relocalizamos nuestras oficinas sin cambiar las condiciones económicas del contrato de alquiler mantenido con la inmobiliaria: Si bien es verdad que la empresa sufre alteraciones al relocalizarse, mientras las condiciones económicas no varíen, no podemos considerar que se dé un cambio en los registros contables de la empresa.

—Adquirimos acciones de una empresa del s&p 500 para rentabilizar parte de la tesorería que mantenemos: En este caso, sí se producen hechos contables en el activo. Por un lado, vemos cómo la cuenta «Caja» disminuye al disponer de ese dinero en cuestión para invertir. Después, al comprar estas acciones, deberemos registrar este hecho en la cuenta de activo «Inversiones a corto plazo de alta liquidez», anotándolo en el Debe. Como podemos intuir, la situación financiera cambia al cambiar la estructura del activo (dejamos de tener efectivo para tener acciones), lo cual se materializa en nuevos registros contables, es decir, en nuevos apuntes contables que llevamos a cabo.

— Cambiamos un proveedor por otro cuya oferta es más atractiva: ¿Se producirá aquí un hecho contable? El mero acto de decidir sustituir un proveedor por otro no es un hecho contable, no conlleva ningún registro. Cuando le compremos mercancías será cuando se produzca el hecho contable y se efectuarán variaciones en los registros contables (al tener que anotar nuevas entradas en la cuenta de pasivo »Proveedores» o al disminuir las cuentas «Caja» o «Bancos» al pagar).

— Vendemos nuestra empresa a un tercero interesado: Nosotros, los dueños del negocio, veremos cómo recibimos una suma de dinero considerable si nuestra empresa era atractiva y generaba un buen rendimiento económico. Pero ¿esto es un hecho contable para la entidad? Si el negocio se mantiene tal y como está, se producirá, como mucho, un cambio a nivel societario, en la propiedad sobre la sociedad que realiza la actividad económica, pero esto no constituirá hecho contable alguno. Si la empresa era de Antonio y ahora pasa a ser de Hermanos Ibáñez S. A., se da un cambio en la propiedad, pero no en los registros contables de la empresa. Otra cosa sería que, para facilitar la compra de esta, los nuevos inversores inyectasen más capital al que ya tiene el negocio, en cuyo caso sí asistiríamos a una novedad en la situación financiera y a modificaciones en los registros contables, al aumentar el patrimonio neto en su cuenta «Capital social», concretamente por el Debe.

EL LIBRO DIARIO
Y EL LIBRO MAYOR

La contabilidad, en gran medida, versa sobre *contar* hechos, relatarlos y registrarlos correctamente. Nos referimos, como venimos señalando, a los hechos contables, aquellos que afectan a nuestra empresa al producir modificaciones económicas o financieras en su actividad.

Partiendo de esta base, los libros diario y mayor son las herramientas que empleamos para *narrar* estos citados hechos contables y reflejar en todo momento qué está pasando en nuestro negocio. Todas las transacciones que tengan lugar en él quedarán aquí recogidas y esto nos posibilitará acometer un correcto seguimiento de las operaciones financieras que llevamos a cabo, así como nos servirá de base para la construcción de los estados financieros (el balance y la cuenta de resultados, principalmente).

* * *

El libro diario

En este documento vamos a registrar todas las transacciones financieras que tengan lugar, y lo haremos siguiendo un orden cronológico, día por día. En este libro se puede incluir un mayor detalle de la transacción, así como apuntar qué cuentas contables se van a ver afectadas y las cuantías que suponen estas transacciones.

Cada vez que se produzca una compra, un gasto, una venta, un ingreso; cuando se firme un contrato de préstamo, de alquiler, etc.; o cuando se efectúe cualquier otro tipo de operación financiera, se plasmará en el libro diario.

Por ejemplo, supongamos que regentamos una tienda de cortinas. Inauguramos el año 2023, 1 de enero, con un *stock* de cortinas cuyo valor es de 40 000 €, que hemos financiado con nuestro capital. Se suceden los siguientes hechos contables:

2 DE FEBRERO DE 2023, JUEVES

Venta de cortinas por valor de 3000 € (IVA incluido). Recibimos la mitad en efectivo y, para el resto, el cliente nos entrega pagaré.
Pagamos el alquiler de febrero del local (precio: 500 €).
Vamos al banco a ingresar 1000 € en nuestra cuenta corriente.

Compramos nuevos diseños de cortinas por 2000 € más el 21 % de IVA. Acordamos hacer el pago el día 28 de febrero.

Pagamos el suministro de luz por 75 €, libre de IVA. Nos hacen el cargo en el banco.

Pagamos el suministro de agua por 20 €, libre de IVA. Nos hacen el cargo en el banco.

Se quema un inventario de cortinas que tenían un valor de 5000 €. El seguro nos cubre 3000 € de las cortinas extraviadas, dinero que nos envía el mismo día a nuestra cuenta corriente.

Un familiar nos da 1500 € en efectivo para ayudarnos a recuperar parte de las mercancías perdidas. Utilizamos este dinero para nuestra empresa.

Un profesional, por 400 €, nos pinta la habitación ennegrecida por el fuego. Le pagamos al contado, sin hacer factura, con el dinero de la caja.

Compramos nuevas cortinas para venderlas después por un valor de 2000 €. Pagaremos al proveedor el 28 de febrero.

Estos hechos han constituido cambios financieros que estamos obligados a registrar debidamente, ya que afectan a la situación financiera de nuestra tienda de cortinas. Los hechos relatados conllevan gastos e ingresos; constituyen deudas, obligaciones, derechos, etc., que deberán ser expresados según el Debe y el Haber. Consecuentemente, el libro diario se organizará como sigue:

Debe	Fecha, operación y título de la cuenta	Haber
	1) 1 de enero de 2023	
	Capital social	40 000 €
40 000 €	*Mercaderías*	
	Empezamos el 1 de enero con mercaderías cuyo valor es de 40 000 €, que hemos financiado con nuestro capital	
	2) 2 de febrero de 2023	
	Mercaderías	2480 €
	Impuestos que pagar/Hacienda pública acreedora	520 €
1500 €	*Caja (efectivo)*	
1500 €	*Clientes*	
	Venta de cortinas por valor de 3000 € (IVA incluido). Recibimos la mitad en efectivo y, para el resto, el cliente nos entrega pagaré.	
500 €	*Otros gastos - alquileres*	
	Bancos	500 €
	Pagamos el alquiler de febrero del local (500 €).	
1000 €	*Bancos*	
	Caja (efectivo)	1000 €
	Vamos al banco a ingresar 1000 € en nuestra cuenta corriente	
	3) 3 de febrero de 2023	
2000 €	*Mercaderías*	
	Proveedores	2420 €
420 €	*Impuestos que cobrar/Hacienda pública deudora*	
	Compramos nuevos diseños de cortinas por 2000 € más el 21 % de IVA. Acordamos hacer el pago el día 28 de febrero.	
75 €	*Otros gastos - luz*	
20 €	*Otros gastos - agua*	

Debe	Cuenta	Haber
	Bancos	75 €
	Bancos	20 €
Pagamos el suministro de luz por 75 €, libre de IVA. Nos lo cargan en el banco. Pagamos el suministro de agua por 20 €, libre de IVA. Nos hacen el cargo en el banco.		

Debe	4) 6 de febrero de 2023	Haber
2000 €	*Pérdidas por extravíos y siniestros*	
	Mercaderías	5000 €
3000 €	*Bancos*	

Se quema un inventario de cortinas que tenían un valor de 5000 €. El seguro nos cubre 3000 €, dinero que nos envía el mismo día a nuestra cuenta corriente.

Debe	Cuenta	Haber
	Capital social	1500 €
1500 €	*Caja (efectivo)*	

Un familiar nos da 1500 € en efectivo para ayudarnos a recuperar parte de las mercancías perdidas. Utilizamos este dinero para nuestra empresa.

Debe	5) 7 de febrero de 2023	Haber
	Caja (efectivo)	400 €
400 €	*Gastos de mantenimiento o reparaciones*	

Un profesional, por 400 €, nos pinta la habitación ennegrecida por el fuego. Le pagamos al contado, sin hacer factura, con el dinero de la caja.

Debe	Cuenta	Haber
3000 €	*Mercaderías*	
630 €	*Impuestos que cobrar/Hacienda pública deudora*	
	Proveedores	3630 €

Compramos nuevas cortinas para venderlas después por un valor de 2000 €. Pagaremos al proveedor el 28 de febrero mediante factura.

Total Debe		Total Haber
57 545 €		57 545 €

El libro mayor

Este documento resume las transacciones que se producen en el día a día. Es decir: si el libro diario es el relato pormenorizado de cada hecho contable, el libro mayor es el resumen que nos permitirá tener acceso rápido y directo a los movimientos financieros de nuestra empresa. Cada cuenta contable tiene su propio apartado, ya sean cuentas de activo, pasivo, patrimonio neto, gastos o ingresos. De este modo, podemos saber cuál es el saldo de las cuentas contables en cada momento y, así, podremos construir tanto el balance como la cuenta de resultados adecuadamente.

Tomando el ejemplo de la tienda de cortinas anterior, el libro mayor quedaría de la siguiente manera:

ACTIVO

MERCADERÍAS

Debe (+)	Haber (-)
1 de enero de 2023: 40 000 €	2 de febrero de 2023: (-) 2480 €
3 de febrero de 2023: 2000 €	6 de febrero de 2023: (-) 5000 €
7 de febrero de 2023: 3000 €	

CAJA (EFECTIVO)

Debe (+)	Haber (-)
2 de febrero de 2023: 1500 €	3 de febrero de 2023: (-) 1000 €
6 de febrero de 2023: 1500 €	7 de febrero de 2023: (-) 400 €

CLIENTES

Debe (+)	Haber (-)
2 de febrero de 2023: 1500 €	

BANCOS

Debe (+)	Haber (-)
3 de febrero de 2023: 1000 €	2 de febrero de 2023: (-) 500 €
6 de febrero de 2023: 3000 €	3 de febrero de 2023: (-) 75 €
	3 de febrero de 2023: (-) 20 €

IMPUESTOS QUE COBRAR/HACIENDA PÚBLICA DEUDORA

Debe (+)	Haber (-)
3 de febrero de 2023: 420 €[3]	
7 de febrero de 2023: 630 €	

PASIVO

IMPUESTOS QUE PAGAR/HACIENDA PÚBLICA ACREEDORA

Debe (+)	Haber (-)
	2 de febrero de 2023: 520 €[4]

---

[3] El proveedor nos extiende una factura de 2000 € más el 21 % de IVA. La factura, entonces, es de 2420 € debidos al proveedor, pero, por otro lado, tenemos el derecho a deducirnos 420 € de IVA como parte de nuestro activo.

[4] Los 3000 € del libro diario incluyen el IVA. Entonces, si 3000 € es el precio más el 21 % de IVA, habrá una cuantía que debamos enviar a Hacienda. En forma de ecuación, tendríamos que X € × (1+21 % de IVA) = 3000 €. Despejamos la X y vemos que, de esos 3000 €, 2480 € se corresponden con nuestras mercaderías y 520 € se los deberíamos pagar a Hacienda. Ante los 3000 € que repartimos en nuestro activo, le deberemos al fisco 520 €.

PROVEEDORES

Debe (+)	Haber (-)
1 de febrero de 2023: 40 000 €	3 de febrero de 2023: 2420 €[5]
3 de febrero de 2023: 2000 €	7 de febrero de 2023: 3630 €
7 de febrero de 2023: 3000 €	

PATRIMONIO NETO

CAPITAL SOCIAL

Debe (+)	Haber (-)
	1 de enero de 2023: 40 000 €
	6 de febrero de 2023: 1500 €

INGRESOS

IMPUESTOS QUE PAGAR/HACIENDA PÚBLICA ACREEDORA

Debe (+)	Haber (-)
	2 de febrero de 2023: 1500 €[6]

---

5   Ver nota 14.

6   El libro mayor expone que la mitad de lo vendido se cobra al instante, por lo cual se considera un ingreso. Cuando se cobre la otra mitad, registraremos otro nuevo ingreso, desde el instante en que el dinero pendiente entre en nuestra cuenta del banco.

GASTOS

OTROS GASTOS - ALQUILERES

Debe (+)	Haber (-)
2 de febrero de 2023: 500 €	

OTROS GASTOS - LUZ

Debe (+)	Haber (-)
3 de febrero de 2023: 75 €	

OTROS GASTOS - AGUA

Debe (+)	Haber (-)
3 de febrero de 2023: 20 €	

PÉRDIDAS POR EXTRAVÍOS Y SINIESTROS

Debe (+)	Haber (-)
3 de febrero de 2023: 2000 €	

GASTOS DE MANTENIMIENTO O REPARACIONES

Debe (+)	Haber (-)
7 de febrero de 2023: 400 €	

*   *   *

Como podemos advertir con el ejemplo, mientras que el libro diario nos narra cronológicamente el día a día de nuestro negocio, el libro mayor nos va a servir para ordenar todos esos eventos que se van sucediendo y agruparlos adecuadamente, por lo que nos facilitará obtener la imagen completa de cada cuenta de nuestro balance y de nuestra cuenta de resultados. Para comprobar que nuestros libros están bien elaborados, deberemos verificar que el total del Debe y del Haber de ambos documentos arroje la misma cifra y así se cumpla el antes mencionado principio contable de partida doble, por el cual cada transacción o hecho contable ha de desdoblarse en al menos dos partes que son, precisamente, el Debe y el Haber, y la suma de ambos totales ofrecerá como resultado el mismo saldo.

Si verificamos que tanto los saldos del Debe y el Haber del libro diario como los saldos del Debe y el Haber de todas las cuentas del libro mayor sumadas coinciden, podremos tener la tranquilidad de que hemos elaborado apropiadamente nuestros libros. Estaremos, entonces, en disposición de desarrollar de manera correcta el balance, que nos ofrecerá la radiografía del momento en el que se halla nuestra empresa, y, con él, la cuenta de resultados, que nos dibujará la que ha sido su progresión en el tiempo.

BALANCE: ACTIVO, PASIVO
Y PATRIMONIO NETO

Entonces, ¿cómo se define y se configura un balance?

Debes de quedarte con una idea que ya hemos sugerido en líneas anteriores: un balance es una foto. Sí, una foto de tu contabilidad, de lo que tienes; una fotografía de tu empresa en un día concreto del año. ¿Y qué se puede ver en ella? La situación actual de la empresa, la sociedad, la fundación, la asociación o el organismo que te toque gestionar. Es decir: en el balance podrás contemplar la tesitura en la que se encuentran los diversos elementos que componen esa contabilidad: tus recursos (bienes y derechos), deudas contraídas con terceros, el ahorro que has aportado, los plazos que manejas para tus recursos o deudas y de qué tipo son o con quién; si nos vinculan con un proveedor, con los trabajadores (sus salarios), con un banco o con la Administración pública vía impuestos, etc.

Al hablar de *foto* lo hacemos de una imagen instantánea de qué dispones en tu «almacén»: existencias, deudas de clientes, el local que uses, los impuestos que la Administración deba devolverte, el efectivo que tengas en caja, etc. Lograrás con ella un «parte» de la que es tu salud financiera en esa fecha, quizá a final de mes, trimestre o año.

¿Qué mercancías permanecen pendientes de pago? ¿Qué tipo de acreedores que te han financiado a través de préstamos —¿acaso un banco?— y de qué cantidad estamos hablando? ¿A cuánto ascienden los sueldos de los trabajadores? ¿Con qué tasas e impuestos estás obligado a cumplir y en qué cantidades? Todo nos lo dirá el balance.

Saber hacer un balance es saber tomar correctamente una foto, para captar de forma nítida la realidad presente de tu negocio y obrar en consecuencia con vistas a asegurar su solvencia en el corto-medio plazo. Las buenas decisiones inmediatas derivadas de ese retrato propiciarán que la entidad no se vea arrastrada por eventuales problemas de liquidez; que pueda sobrevivir y tener un futuro.

Lo más básico de un balance

Como sugiere el título de este apartado del capítulo, lo más elemental de un balance reside en su armazón y su apariencia común, en cómo suele ser presentado. Para que te vayas familiarizando con él, he aquí una de sus formas más habituales, si no la más conocida y empleada:

Recurriendo a esta manera de presentar las cuentas de tu empresa, la ordenación que sigue el balance dispone a la izquierda tus recursos y a la derecha cómo los has financiado (que es la suma de las deudas que has contraído y los ahorros o el patrimonio que tienes a tu disposición):

RECURSOS (ACTIVO)	FINANCIACIÓN (PATRIMONIO NETO + PASIVO)

Además de con este modelo, puedes expresar el balance de la mano de otro muy extendido también en el ámbito empresarial. En este caso, los recursos con los que cuentas ocupan una posición superior y bajo ellos se van apuntando las vías de financiación utilizadas para sufragarlos:

RECURSOS (ACTIVO)
_____

_____

FINANCIACIÓN (PATRIMONIO NETO + PASIVO)
_____

_____

Lo que se anota en un lado del balance tiene su reflejo en el otro, porque no hay recurso en tu empresa que no tenga detrás una fuente de financiación y no hay préstamo, fondos, capital u obligaciones que no tengan su traducción como un recurso dentro del balance. Por ejemplo, si un proveedor te suministra mercancías, este hecho va a tener su traducción en el balance de la siguiente manera: las mercancías son tus recursos, por lo que se integrarían dentro del activo; ¿y qué pasa con el proveedor? Lógicamente, esas mercancías tienen que ser pagadas, por lo que esa obligación, esa deuda, va a formar parte del pasivo (financiación).

Otro ejemplo. Imagina que tienes 15 000 € en efectivo y decides montar tu empresa. Este dinero es tuyo, es parte de tus ahorros. Acudes al Registro Mercantil, dejas la documentación necesaria y ya eres dueño de la sociedad que dará vida a tu negocio. Automáticamente, al disponer de esos 15 000 €, vamos a considerarlos parte de tu caja y, por ende, parte de tus recursos (de tu activo). ¿Y cómo se traduciría esto en términos de financiación? Como son ahorros que tú estás aportando y no llevan aparejado ningún tipo de obligación, no es una deuda: la traducción en términos de financiación es lo que se conoce como capital, el patrimonio neto aportado, los fondos propios. Puesto que ese dinero ya era tuyo, no va a corresponderse con ninguna cuenta del pasivo, de las deudas u obligaciones, sino que se verá reflejado en las cuentas que muestran lo que personalmente aportas a la empresa, tus ahorros, tu patrimonio neto. Es decir, tu capital.

Estas son solo un par de ejemplificaciones para que el lector entienda una idea fundamental: todo lo que sucede en el lado de sus recursos o activo tiene su equivalencia en la financiación, esto es, en sus deudas/obligaciones o ahorro aportado. Por esta razón, al final, el balance siempre debe quedar cuadrado, compensado. Si nuestro activo (recursos) es de un millón de euros, la suma de nuestro pasivo (deudas y obligaciones) y nuestro patrimonio neto o capital (tus ahorros) deben ser un total también de un millón. Si posees recursos valorados en un millón de euros es porque tienes una financiación que se traduce en un millón de euros, con independencia de que esta venga a través de deudas, ahorros o una combinación de los dos.

CUENTAS EN T

Tras estas primeras pinceladas, refresquemos nuestra memoria recordando la expresión elemental del balance: una foto. ¿Una foto de qué? De cómo están las cuentas de aquello que estás gestionando. Por lo tanto, es conveniente remarcar aquí que estas cuentas son dinámicas, que tienen vida en el transcurrir de tu actividad. ¿Esto qué significa? Veamos.

Si te dedicas a regentar una pequeña tienda de alimentación, lo más normal es que recibas a diario o semanalmente las mercancías que después venderás. Consecuentemente, de tu caja saldrá y entrará constantemente dinero. La cantidad de mercancías de las que dispones son, por tanto, dinámicas. Dos serían nuestras cuentas cuentas: la de existencias y la caja, el efectivo; cada día de la semana, tanto una como otra van a experimentar entradas y salidas. En este sentido, el balance de la semana será la foto final de cómo se quedan estas dos cuentas. El objetivo no será plasmar las entradas y salidas, sino conocer el estado de estas cuentas cuando determinemos hacer el balance. Ahora bien, para determinar el estado final, *deberás haber* controlado todos estos movimientos al producirse. Aquí entran en juego las llamadas cuentas en T.

A la hora de realizar las cuentas que reflejarás en tu balance, has de considerar el mecanismo propio explicado previamente. Todos los días tendrán lugar movimientos que provocarán que tus cuentas crezcan o disminuyan; un seguimiento preciso de cómo evolucionan estas cuentas es la base que te permitirá montar tu balance. Si registras cómo se ha ido comportado cada una de ellas, dispondrás de la información necesaria para recoger el conjunto de tus recursos y su financiación según la fecha que tomes como referencia. Las cuentas en T siguen esta estructura:

CUENTA DE ACTIVO

Debe (+)	Haber (-)

CUENTA DE PASIVO

Debe (-)	Haber (+)

CUENTA DE PATRIMONIO NETO

Debe (+)	Haber (-)

Aplicando el ejemplo anterior, en el cual, de tu tienda, entran y salen constantemente mercaderías, quedarían las cuentas de la siguiente manera:

MERCADERÍAS (ACTIVO)

Debe (+)	Haber (-)
11 de julio de 2023: 100 €	12 de julio de 2023: (-) 75 €
19 de julio de 2023: 250 €	21 de julio de 2023: (-) 225 €

CAJA (ACTIVO)

Debe (+)	Haber (-)
1 de enero de 2023: 7500 €	30 de abril de 2023: (-) 4300 €
10 de enero de 2023: 800 €	9 de septiembre de 2023: (-) 2650 €

ACREEDORES (PASIVO)

Debe (+)	Haber (-)
11 de agosto de 2023: (-) 1700 €	14 de mayo de 2023: 7000 €
	28 de octubre de 2023: 4250 €

RESERVAS (PATRIMONIO NETO)

Debe (+)	Haber (-)
3 de mayo de 2023: 21 000 €	22 de octubre de 2023: (-) 10 500 €

*   *   *

En las cuentas expuestas observamos los conceptos Debe y Haber y advertimos una serie de movimientos dentro de ellos. El primero, el Debe, corresponde en efecto al lugar en que se registran aquellas operaciones que suponen para tu empresa un ingreso; y el segundo, el Haber, al que recoge las operaciones que conllevan un gasto. Todo esto considerando, además, que aquellas cuentas que aumenten por el Debe disminuyen por el Haber, y viceversa: lo que aumente por el Haber disminuye por el Debe.

La lógica del Debe y el Haber responde a que el primero equivale a los ingresos y el segundo a los gastos. Aquellas partidas que equivalgan a aumentar los ingresos entrarán a formar parte de nuestros recursos, en un incremento que recogerá el Debe. Si el aumento de nuestros recursos (activos) va en el Debe, las disminuciones se anotan en el Haber. En el caso de las cuentas de pasivo (financiación), veremos cómo los aumentos de los gastos se traducen en aumentos de pasivo y estos se anotan en el Haber. Y, si los aumentos de pasivo vienen en el Haber, las disminuciones de estos vendrán a través del Debe.

Repasemos en este punto de qué manera resultarán afectados en suma nuestro activo y nuestro pasivo:

—Como tus recursos aumentan con tus ingresos, el activo va a asistir a un incremento de sus cuentas con el Debe. Dado que tus gastos aminoran tu activo, vamos a comprobar que el Haber contabilizará ahora los crecimientos de los gastos. Aquellas cuentas que sean de activo, de tus recursos, se agrandan por el Debe y se reducen por el Haber. Cuando se produzcan salidas de tu empresa que supongan un decrecimiento de tu activo, como pueden ser las mercaderías con las que comercias, a la entrega de las existencias apreciaremos la reducción en la parte del Haber. Por ejemplo, cuando vendes 75 € de mercaderías, estas existencias de tu activo bajan por el Haber, mientras que el dinero que recibes en efectivo sube por el Debe.

—La financiación que necesitas va a aumentar con aquellos conceptos que constituyan un repunte de tus gastos. La lógica que seguirá, entonces, es que las cuentas que se correspondan con el pasivo (la financiación) se engrandecerán a través de los gastos.

El activo, es decir, tus recursos

Como decíamos, cuando hacemos referencia al activo, queremos hablar directamente de los recursos que tenemos a nuestra disposición para llevar a cabo la actividad económica a la que nos dedicamos. Estos activos, en el momento de ser explotados, nos van a originar un derecho de cobrar a alguien por algo.

Cuando se trata de estudiarlos y categorizarlos, hay muchas clasificaciones posibles. De todas, la más relevante es la que distingue entre activos corrientes y no corrientes:

—ACTIVO CORRIENTE O A CORTO PLAZO: Hace referencia a todos los activos que una empresa espera convertir en efectivo o bien que espera consumir en un periodo que acostumbra a ser de un año o menos; estamos ante activos fundamentales para cubrir las operaciones que el negocio efectúa en su día a día.

Además, son de vital importancia para responder ante los pasivos (obligaciones) que la empresa tiene en el corto plazo.

—ACTIVO NO CORRIENTE O A LARGO PLAZO: Hace referencia a todos los activos que una empresa espera convertir en efectivo o consumir en un plazo superior al año. También se denomina activo fijo o inmovilizado. Normalmente se trata de elementos patrimoniales de la empresa (instalaciones, maquinaria, marcas, patentes), una masa de bienes y derechos que componen la estructura de tu negocio y que no se van a consumir en el periodo de 12 meses que caracteriza a los activos corrientes; no son tan fácilmente convertibles en dinero líquido como lo son los activos a corto plazo.

El activo de tu empresa descansa sobre los recursos de los que dispones para ejecutar tu actividad económica. Cuando te decides a dar el salto al vacío para comenzar y desarrollar tu actividad comercial, inevitablemente recurres a tus ahorros o a préstamos de diversa índole; con este dinero empiezas a hacer inversiones, compras recursos que pretendes explotar para así obtener un beneficio. Aquellos bienes y derechos que obtienes y pones en marcha dentro del proceso productivo de tu empresa son, en realidad, lo que comúnmente se conoce como activo.

Estos activos no son eternos, sino que tienen una vida dentro de tu empresa. Los recursos se agotan y no están ahí eternamente. Como mucho, el único activo que no estaría sujeto a una vida limitada en el tiempo serían los terrenos que hayas adquirido; más allá de esta salvedad, todo activo se extingue. De hecho, buena parte de ellos desaparecen para responder de tus obligaciones. Por ejemplo, si Muebles López pide 25 000 € para comprar madera (materia prima) y de ahí extraer sillas, mesas, etc. (mercaderías) para después venderlas, una vez que se cumpla el plazo por el que debe restituir el préstamo, deberá desprenderse de parte de su activo, que se extinguirá. En este caso, suponiendo que Muebles López haya hecho un buen negocio y haya obtenido 30 000 €, la empresa ha constatado cómo sus recursos iniciales de 25 000 € ahora valen 30 000 €; sin embargo, al tener una deuda, parte de este dinero se emplea para cumplir con el préstamo. Es decir, se liquida parte de su activo. Esto nos revela dos hechos: por un lado, los activos se transforman dentro del proceso productivo, de manera que, lo que en primera instancia es materia prima, en último término se transforma en dinero; por otro lado, los activos se extinguen y desaparecen, especialmente cuando hay deudas de por medio.

Por último, cabe señalar algo bastante evidente: el total de nuestro activo será la suma del activo no corriente y del activo corriente:

ACTIVO = ACTIVO NO CORRIENTE + ACTIVO CORRIENTE

CUENTAS DE ACTIVO

Las principales cuentas de activo no corriente son:

— INMOVILIZADO MATERIAL: Son los activos físicos y tangibles utilizados por nuestra empresa en sus operaciones cuya vida útil (lo que duran en el tiempo) es presumiblemente prolongada, mayor a los 12 meses.

Ejemplos de estos activos son terrenos, edificios y construcciones, maquinaria, vehículos de la empresa y equipos de oficina (ordenadores, mobiliario, impresoras, etc.).

— INVERSIONES INMOBILIARIAS: Esta cuenta hace referencia a inversiones en propiedades que no empleamos para nuestro negocio como tal, sino que conservamos porque esperamos de ellas ingresos futuros, ya sean por alquileres o por plusvalías que se puedan extraer de una venta futura. Lo normal es que sean arrendamientos de viviendas, locales o terrenos.

— INMOVILIZADO INTANGIBLE: Recursos intangibles, que no son físicos, pero que suponen un valor importante para la empresa y que son susceptibles de generar beneficios económicos. Algunos de estos activos son marcas, patentes, concesiones, licencias y derechos de autor.

— INVERSIONES FINANCIERAS A LARGO PLAZO: Si nos fuese tan bien que tuviéramos efectivo suficiente o excesos de liquidez, podríamos considerar vías alternativas a nuestro negocio para hacer que nuestro dinero no permaneciera inactivo y siguiese generando beneficios. Así, podríamos optar por comprar letras del tesoro a más de 12 meses, bonos u obligaciones del Estado. Estas inversiones son las que explican esta cuenta de activo no corriente.

— CRÉDITOS OTORGADOS A TERCEROS A LARGO PLAZO: Nos referimos aquí a los préstamos a terceros cuya duración o cuyo vencimiento son superiores al año.

Las principales cuentas de activo corriente son:

— Cajas y equivalente de efectivo: Es lo que conformaría la tesorería de tu empresa, el dinero en efectivo y sus asimilados. Dentro de esta cuenta hallamos:

— Caja: Efectivo disponible en metálico. En caso de que no solo cobres en euros, sino que también lo hagas en moneda extranjera, puedes desglosar esta cuenta en dos:

— Caja en euros.

— Caja en divisa extranjera. A la hora de anotar su valor, deberás tener en cuenta el tipo de cambio que haya en la fecha de elaboración de tu balance.

— Bancos: Saldos que poseamos en entidades financieras como bancos, cajas de ahorro, tecnofinancieras, etc., y a los que podamos tener acceso de forma inmediata.

— Inversiones a corto plazo de alta liquidez: En otras palabras, inversiones financieras que son fácilmente convertibles en efectivo y cuyo valor no corre el riesgo de sufrir grandes variaciones. Su fecha de vencimiento no es mayor a los tres meses. Un ejemplo serían los «repos» que la banca utiliza de un día a otro para cubrir sus déficits de liquidez.

— Cuentas por cobrar a corto plazo:

— Clientes: Derechos de cobro que tenemos sobre nuestros clientes, a quienes les hemos previamente entregado una factura, una nota de entrega, un albarán, etc.

— Efectos, letras o efectos comerciales que cobrar: Es el mismo concepto de la antedicha cuenta «Clientes», pero, en este caso, el derecho de cobro se articula a través de una letra de cambio aceptada por los clientes.

— CUENTAS POR COBRAR: Categoría utilizada para englobar las cuentas «Clientes» y «Efectos, letras o efectos comerciales que cobrar».

— DEUDORES: Derechos de cobro que tenemos sobre otros compradores o agentes económicos que no son clientes en sentido estricto. Por ejemplo, si nuestra empresa se dedica a vender muebles, clientes serán aquellos que compren nuestros muebles; ahora bien, si le prestamos parte de nuestro efectivo a un autónomo que nos lo solicita, este no será nuestro cliente, sino un deudor nuestro.

— IMPUESTOS QUE COBRAR/ HACIENDA PÚBLICA DEUDORA: Tiene lugar cuando nos surge el derecho a deducirnos el IVA que estemos pagando al aprovisionarnos para realizar nuestra actividad comercial. En este caso, el IVA que recibes es deducible, lo cual supone un derecho de cobro para ti y una obligación para la Hacienda pública.

— ANTICIPOS AL PERSONAL: Los adelantos de nómina que hagamos a nuestros empleados se consideran un derecho de cobro que se deduce cuando deba abonarle, a fin de mes, la nómina a quien lo solicite. Esto es: si tengo un empleado en nómina por 1500 € al mes y este me pide que le adelante 500 €, esta cuantía es un derecho de cobro que hará que, cuando llegue el final del mes, le tenga que dar 1000 € en lugar de 1500 €.

— ANTICIPOS A PROVEEDORES: Esta cuenta sigue la lógica de la cuenta anterior. Si a un proveedor que todos los meses me da mercadería por un valor de 2000 €, en el mes X, le entrego 1200 € de manera anticipada, cuando me llegue la factura del mes X podré deducir esta cantidad y pagarle 800 €, pues los 1200 € los he desembolsado antes.

— Gastos anticipados: Siguiendo la lógica de las dos cuentas anteriores, aquí tendrían cabida otros conceptos como los seguros, alquileres, intereses o suministros de luz y agua pagados por anticipado.

— Intereses por cobrar: Derechos de cobro adquiridos por otorgar préstamos o créditos a terceros.

— Dividendos por cobrar: Derechos de cobro adquiridos por ser accionista o tener participaciones de otras empresas. Sería el caso si nuestro negocio hubiera invertido su liquidez en comprar acciones de otras compañías.

— Inventarios: Esta cuenta es muy genérica. Es mejor especificarlos según la siguiente subdivisión:

— Materias primas: Aquellas materias compradas para que pasen un proceso de transformación y se conviertan en un producto fabricado.

— Productos en curso y semiacabados: Aquellos productos dentro de la cadena de producción que aún no han sido del todo transformados.

— Productos terminados: Productos que nuestro negocio ha fabricado y esperan ser vendidos.

— Mercaderías: Productos comprados a otras empresas para luego ser vendidos nuevamente sin que medie ninguna transformación por parte de nuestra empresa. Por ejemplo: si tuviéramos un supermercado y adquiriésemos yogures de una marca concreta, estos yogures serían parte de nuestra mercadería.

Activo	
Activo no corriente	**Patrimonio neto**
Inmovilizado material	
Inversiones inmobiliarias	
Inmovilizado intangible	
Inversiones financieras a largo plazo	
Créditos otorgados a terceros a largo plazo	
Activo corriente	
Caja	
Bancos	
Inversiones a corto plazo de alta liquidez	
Clientes	
Efectos, letras o efectos comerciales que cobrar	
Cuentas por cobrar	
Deudores	
Impuestos que cobrar/Hacienda pública deudora	
Anticipos al personal	
Anticipos a proveedores	**Pasivo**
Gastos anticipados	
Intereses por cobrar	
Dividendos por cobrar	
Materias primas	
Productos en curso y semiacabados	
Productos terminados	
Mercaderías	
Envases	
Embalajes	
Combustibles	
Material de oficina	
Inversiones financieras a corto plazo	
Otros	

- ENVASES: Recipientes que normalmente se venden junto con el producto que albergan.
- EMBALAJES: Las envolturas que son irrecuperables una vez abierto el producto y cuyo fin es protegerlo.
- COMBUSTIBLES: Material energético que es susceptible de ser almacenado.
- MATERIAL DE OFICINA: Objetos de carácter fungible (que se consumen con su uso) que se emplean para desarrollar las tareas administrativas propias del día a día de nuestro negocio.

- INVERSIONES FINANCIERAS A CORTO PLAZO: Son inversiones realizadas en instrumentos financieros que la empresa mantiene con la intención de liquidarlos en el corto plazo. Aquí también entrarían letras del tesoro y bonos del Estado que están por vencer o las acciones de otras empresas, que son susceptibles de ser vendidas en el corto plazo.
- OTROS ACTIVOS CORRIENTES: En este último punto también podemos contemplar (como has podido comprobar, la variedad de los activos es enorme) todo recurso susceptible de generarnos un derecho de cobro en el corto plazo y que no se corresponda con los conceptos de las cuentas vistas previamente.

Repasando los libros donde se registran los hechos contables, las cuentas del activo aumentan su cuantía por el Debe y disminuyen con el Haber. Es decir: cuando ingresamos efectivo o compramos materia prima, lo hacemos con símbolo positivo en el Debe, y, cuando pagamos algo con efectivo o vendemos el producto final (o consumimos la materia prima en nuestro proceso productivo), disminuye su saldo con las anotaciones negativas que van al Haber.

Ejemplo: el día 27 de noviembre vendemos mercaderías que guardábamos desde el inicio del año en el almacén. El valor contable de las mismas era de 9500 € y ahora las hemos vendido por 9700 €, que recibimos en efectivo.

En este caso, vamos a registrar el hecho contable en dos libros diarios: en el de «Mercaderías» y en el de «Caja». Por un lado, teníamos mercancías a principio de año (1 de enero) que irán apuntadas por el Debe; después, al venderlas, la cuenta de «Mercaderías» disminuye por el lado del Haber. ¿Y qué pasa con la cuenta «Caja»? Veremos cómo aumenta su libro diario, cargándose 9700 € por la parte del Debe. ¿Y si el 28 de noviembre sacamos 8000 € de la caja y los ingresamos en nuestro banco de confianza? El Debe y el Haber vuelven a comportarse de la misma forma: el Debe hace que crezca el libro diario de la cuenta «Bancos» y el Haber apunta la disminución de la caja.

Mercaderías

Debe (+)	Haber (-)
1 de enero de 2023: 9500 €	27 de noviembre de 2023: (-) 9500 €

Caja

Debe (+)	Haber (-)
27 de noviembre de 2023: 9500 €	28 de noviembre de 2023: (-) 8000 €

Bancos

Debe (+)	Haber (-)
28 de noviembre de 2023: 8000 €	

El pasivo, es decir, tus obligaciones

Cuando hablamos de *pasivo*, hacemos referencia a las obligaciones que en nuestro día a día hemos contraído con otras empresas, autónomos, instituciones, etc.

Se trata de obligaciones y deudas que nuestra empresa contrae para financiar los recursos con los que quiere llevar a cabo su actividad económica. En función del tiempo que falta para que estas obligaciones sean exigibles, esto es, para pagar nuestras deudas, el pasivo se divide a su vez en dos partes:

— PASIVO CORRIENTE O A CORTO PLAZO: El conjunto de las deudas y obligaciones que han de ser pagadas en un periodo corto. Normalmente, el periodo contemplado en estos pasivos es inferior a un año y deben ser satisfechos en los siguientes 12 meses. Aquí tienen cabida cuentas contables como lo que debe pagársele a proveedores y acreedores, préstamos a corto plazo, los impuestos que abonar (como el IVA o las cotizaciones a la Seguridad Social), etc.

— PASIVO NO CORRIENTE O A LARGO PLAZO: Esta parte de las obligaciones son aquellas que no es esperable que se satisfagan en los próximos 12 meses, sino que constituyen deudas cuyos plazos son superiores al año. Un ejemplo son las deudas bancarias en las que, si bien una parte se satisface en el corto plazo, ciertas cuantías se han comprometido para un periodo superior al año.

En definitiva, estamos ante obligaciones que hemos asumido respecto a otros y que debemos saldar en algún momento. Si formalizas un préstamo para tener efectivo y pagar materia prima que necesitas en tu proceso de producción, te estás comprometiendo con el banco a devolver el dinero que has pedido prestado: tienes entonces una obligación que habrás de satisfacer según lo acordado en el contrato, donde se estipula el plazo en el que pactas responder por la deuda que contraes.

Después, cabe destacar que, para satisfacer un pasivo, tu obligación, es muy probable que tengas que desprenderte de parte de tu activo. ¿Por qué? Veámoslo detenidamente de la mano de un ejemplo ilustrativo.

Embutidos Gutiérrez S. A. acude a Caja de Ahorros a solicitar un préstamo con el que quiere comprar diez toneladas de carne que va a transformar en cabezada, chorizo, salchichón, etc. Para ello, contrata un préstamo por valor de 12 000 €, que se ingresará en la cuenta corriente de la empresa el primer día del siguiente mes. Embutidos Gutiérrez S. A. acuerda devolver el dinero a los 11 meses.

Llega el día del ingreso de efectivo y Caja de Ahorros hace la transferencia de 12 000 €. Estos 12 000 € son un pasivo a corto plazo para Embutidos Gutiérrez S. A., pero también son un activo, ya que la cuenta «Caja» de nuestra empresa cárnica ha pasado de tener cero euros a tener doce mil.

Recibido el dinero, Embutidos Gutiérrez S. A. utiliza los 12 000 € para comprar las diez toneladas de carne. En ese momento, los 12 000 € de efectivo desaparecen para transformarse en materias primas que valen 12 000 €. Tras pasar el proceso de producción, esas materias primas se han convertido en mercaderías que tienen un valor contable de 12 000 €. Por último, se venden esas mercaderías por el precio de mercado que Embutidos Gutiérrez S. A. crea que corresponda. Supongamos que finalmente obtiene 14 000 € de este lote, lo cual vuelve a la cuenta de caja.

Llegado el mes 11, en el que la empresa cárnica se había comprometido a devolver el dinero a Caja de Ahorros, sucederá que, de los 14 000 € que ha obtenido, 12 000 € irán a parar de nuevo a la entidad financiera. Es decir, que el dinero en caja disminuirá en 12 000 € al devolvérselos a Caja de Ahorros, de modo que el pasivo desaparece porque Embutidos Gutiérrez S. A. se ha desprendido de parte de su activo (los 12 000 € que se comprometió a devolver).

¿Qué pasó con los 2000 € de caja que sobraban tras devolver 12 000 € de los 14 000 € ingresados? Estos 2000 € son parte del activo, dentro del concepto de caja, al tiempo que lo son del patrimonio neto de Embutidos Gutiérrez S. A. La entidad presentará, por tanto, un resultado del ejercicio positivo (beneficios).

Como hicimos al abordar el activo, es preciso incidir en algo muy evidente: el total de nuestro pasivo será la suma del pasivo no corriente y del pasivo corriente:

PASIVO = PASIVO NO CORRIENTE + PASIVO CORRIENTE

CUENTAS DE PASIVO

Como señalábamos antes, el pasivo distingue en primera instancia entre pasivos corrientes (vencimiento de la obligación en menos de un año) y pasivos no corrientes (duración de más de un año).

Después, los pasivos no corrientes más frecuentes son:

—Deudas a largo plazo: Son los préstamos que normalmente nos dan los bancos u otras entidades financieras y cuyo vencimiento supera el año. Serían las cuotas que debemos pagar en un periodo superior a los 12 meses.

—Proveedores de inmovilizado a largo plazo: Son las deudas que mantenemos con empresas que se han encargado de proveernos inmuebles, maquinarias, mobiliario, etc., y cuyo plazo excede el año.

—Efectos por pagar a largo plazo: Son deudas contraídas por la compra de activos cuyos pagos se han realizado mediante letras de cambio con plazos superiores al año.

—Fianzas recibidas a largo plazo: La fianza es un acuerdo financiero por el cual un tercero (el fiador o garante) se compromete con nosotros a cumplir con la obligación. Como garantía de su compromiso nos aporta efectivo que tendremos que devolverle al verificarse dicho cumplimiento. Cuando estos compromisos abarcan un espacio temporal que sobrepasa los 12 meses, nosotros contamos con un dinero que le tendremos que dar de vuelta si finalmente se cumplen. Por este motivo, es un pasivo no corriente o a largo plazo.

Los pasivos corrientes que vas a encontrarte más habitualmente en tu actividad son:

— PROVEEDORES: Son quienes nos venden las materias primas o las mercaderías que después transformamos o vendemos. Las deudas con los proveedores, generalmente, se formalizan a través de las facturas que emiten estos mismos proveedores.

— EFECTOS COMERCIALES: Esta cuenta hace referencia también a las deudas contraídas con los proveedores, solo que, en este caso, dichas deudas no se formalizan por medio de una factura, sino recurriendo a otros instrumentos como las letras de cambio.

— CUENTAS COMERCIALES POR PAGAR: Este «cajón de sastre» se emplea para referirse a los proveedores con independencia de que nos emitan facturas o letras de cambio. Cuando recibas una factura o una letra de cambio, recuerda no duplicar la contabilidad de tu empresa: o se anota en las cuentas «Proveedores»/«Efectos comerciales» o se anota en «Cuentas comerciales por pagar».

— ACREEDORES: Este tipo de deudas se corresponden con aquellas que no son de proveedores *stricto sensu*. Es decir, no nos están suministrando mercaderías o materias primas estrictamente hablando, sino que nos proporcionan un servicio. Aquí entrarían gastos como los abogados, gestores, facturas de luz y agua, alquileres, etc.

— PROVEEDORES DE INMOVILIZADO EN EL CORTO PLAZO: Deudas que hemos asumido con inmobiliarias y cuyo plazo es inferior al año. Por ejemplo, si hemos comprado un local y nos hemos comprometido a sufragarlo mediante pagos durante 10 años, la cuota que nos toque en este año se imputará aquí.

—ANTICIPOS DE CLIENTES: El cliente nos entrega, de manera anticipada, parte del importe por el que nos va a comprar, contratar, etc. En este caso, la operación no se ha efectuado todavía, por lo que, cuando se efectúe, se cancelará esta anotación contable.

—SUELDOS POR PAGAR Y PENDIENTES DE PAGO O REMUNERACIONES PENDIENTES DE PAGO: Deudas que tenemos con nuestros empleados. Esto sucede cuando llega el momento del pago al empleado y, por cualquier razón, no podemos afrontarlo. En ese punto se origina una deuda con él y debemos anotarlo; solo borraremos esta anotación cuando la satisfagamos.

—DEUDAS CON ENTIDADES BANCARIAS A CORTO PLAZO: Deudas que contraemos con los bancos y que saldamos durante este mismo periodo. Son las cuotas de los préstamos que restituimos al banco mensualmente.

—IMPUESTOS QUE PAGAR/HACIENDA PÚBLICA ACREEDORA: Impuestos devengados que debemos abonar a Hacienda. Aquí tendrían cabida, por ejemplo, el IVA o las cotizaciones a la Seguridad Social que legalmente el empresario debe pagar por sus empleados.

—INGRESOS ANTICIPADOS O INGRESOS COBRADOS POR ANTICIPADO: Importes que la empresa ha cobrado en el presente ejercicio pero que realmente corresponden al ejercicio siguiente. Esta partida supone un compromiso para nuestra entidad, compromiso que se extinguirá cuando llegue la fecha del ejercicio en cuestión.

— ALQUILERES POR PAGAR: Alquileres que tenemos pendientes de costear. Son gastos de alquiler que se han materializado pero que aún están pendientes de satisfacerse. Lo normal es que se liquiden en el siguiente periodo (mes, trimestre, año).

— INTERESES POR PAGAR: Moras o intereses de préstamos que tenemos pendientes de costear, que se han materializado pero aún están pendientes de satisfacerse. Lo normal es que se liquiden en el siguiente periodo (mes, trimestre, año).

— COMISIONES POR PAGAR: Comisiones por diferentes conceptos que tenemos pendientes de costear, que se han materializado pero aún están pendientes de satisfacerse. Lo normal es que se liquiden en el siguiente periodo (mes, trimestre, año).

— DIVIDENDOS POR PAGAR: Dividendos que tenemos pendientes de costear a los accionistas de nuestra sociedad, que se han materializado pero aún están pendientes de satisfacerse. Lo normal es que se liquiden en el siguiente periodo (mes, trimestre, año).

— FIANZAS RECIBIDAS A LARGO PLAZO: Siguen la misma dinámica que las «Fianzas recibidas a largo plazo», pero con la particularidad de que la obligación por la que se nos otorga el dinero debe cumplirse en menos de 12 meses.

	PATRIMONIO NETO
	PASIVO
	PASIVO NO CORRIENTE
	Deudas a largo plazo
	Proveedores de inmovilizado a largo plazo
	Efectos por pagar a largo plazo
	Fianzas recibidas a largo plazo
	PASIVO CORRIENTE
	Proveedores
	Efectos comerciales
ACTIVO	Cuentas comerciales por pagar
	Acreedores
	Proveedores de inmovilizado a corto plazo
	Anticipos de clientes
	Sueldos por pagar
	Deudas con entidades bancarias a corto plazo
	Impuestos que pagar/Hacienda pública acreedora
	Ingresos anticipados o ingresos cobrados por anticipado
	Alquileres por pagar
	Intereses por pagar
	Comisiones por pagar
	Dividendos por pagar

Volviendo a los libros donde se registran los hechos contables, las cuentas del pasivo aumentan su cuantía por el Haber y disminuyen con el Haber. Esto es: cuando pagamos una deuda, lo hacemos con signo negativo, anotándolo en el lado del Haber; y, si la contraemos, iría al Haber con símbolo positivo.

Ejemplo: el día 1 de enero contrato un préstamo de 3000 €, que devolveré íntegramente el 1 de marzo. En este caso, el libro diario de las «Deudas con entidades bancarias a corto plazo» se acrecentaría el día 1 de enero por el Haber y decrecería el 1 de marzo por el Debe. Los pasivos de tu negocio menguan por el Debe y crecen por el Haber:

DEUDAS CON ENTIDADES BANCARIAS A CORTO PLAZO

Debe (-)	Haber (+)
1 de marzo de 2023: (-) 3000 €	1 de enero de 2023: 3000 €

El patrimonio neto o capital, es decir, lo que financias tú

Hay quienes definen al patrimonio neto como la parte residual de los activos de la empresa. Es decir, sería la diferencia que resulta de los activos que posees si les restas (deduces) los pasivos que has contraído, tus obligaciones. Realizando esta operación, queda realmente aquello de la empresa que te pertenece, bien porque son aportaciones (desembolsos) hechos por ti como socio de tu negocio, bien porque tienes reservas procedentes de beneficios de años anteriores, o bien porque es el resultado del último ejercicio.

El patrimonio neto de tu empresa es, en definitiva, una parte fundamental de la estructura financiera de la misma y constituye la diferencia entre activos y pasivos. Si partimos de la base de que los activos son los derechos y bienes del negocio (los recursos) y de que los pasivos son el conjunto de los compromisos y deudas (o sea, las obligaciones), la diferencia entre ambos serían consecuentemente aquellos recursos que pertenecen a los dueños de la empresa, la parte de esta cuya financiación procede de los accionistas que están depositando su dinero en ella. No es más que la financiación interna de la entidad en cuestión.

PATRIMONIO NETO = ACTIVOS − PASIVOS

Por ejemplo, si Construcciones Martínez S. L. tiene activos por un valor de 100 000 € y pasivos por un total de 75 000 €, su patrimonio neto sería de 25 000 € (100 000 € - 75 000 €), lo que quiere decir que, de los 100 000 € que hay de recursos, 25 000 € son financiados por los dueños de la empresa. De otra parte, si Construcciones Martínez S. L. arrojase un total de activos de 50 000 € y sus pasivos ascendieran hasta los 75 000 €, su patrimonio neto sería negativo (-25 000 €), lo cual significaría que ni aun liquidando a precios de mercado todos sus recursos podría hacer frente a sus obligaciones. Esto supondría en principio la bancarrota del negocio y conduciría hacia el tortuoso camino del concurso de acreedores, salvo milagro.

El ejemplo anterior sirve para constatar cómo el concepto de patrimonio neto deviene clave, ya que revela el valor económico que van a retener los dueños de la empresa o accionistas tras considerar el conjunto de las obligaciones que tienen contraídas. Por este motivo, es un indicador para analizar la solidez financiera de tu negocio. Cuanto mayor sea tu patrimonio neto en relación con el total de la masa de activos y pasivos, mayor va a ser la resistencia que tenga la entidad de cara a afrontar crisis y lidiar con pérdidas. Ahora bien, es importante que el patrimonio neto sea robusto con relación al total de activos que posee tu empresa.

Tras hacer estas apreciaciones, hay que señalar cuáles son las tres cuentas más comunes a la hora de construir el patrimonio neto de la empresa:

— CAPITAL SOCIAL: Son los desembolsos que realizan los socios/dueños del negocio.

— RESERVAS: Son beneficios empresariales que los dueños de la empresa no han retirado y conservan dentro de su estructura. Hay tres tipos de reservas:
  — RESERVAS LEGALES: Beneficios que deben mantenerse dentro de la empresa por exigencias legales.
  — RESERVAS ESTATUTARIAS: Son beneficios que se guardan en la empresa porque así lo dicen los estatutos de esta. Cuando varios socios constituyen una sociedad (anónima o limitada) a través de la cual van a desarrollar una actividad económica, en el contrato que da vida a la sociedad se estipulan pactos; una de las cláusulas del contrato puede conllevar el compromiso de que cada año se guarde un porcentaje de los beneficios, de suerte que sería obligación de los socios dejar este porcentaje del beneficio en las reservas de la empresa.
  — RESERVAS VOLUNTARIAS: Aquella parte del beneficio que va a parar a las reservas de la empresa por voluntad propia del socio, no porque medie ningún imperativo legal (reservas legales) ni estatutario (reservas estatutarias).

—Resultado del ejercicio: Resultado que hemos obtenido en el periodo anterior, ya sea positivo o negativo. Es decir: las pérdidas o ganancias que obtengamos las reflejamos en esta parte del balance y podrán acrecentar o disminuir el patrimonio neto.

	Patrimonio neto
	Capital social
Activo	Reservas
	Resultado del ejercicio
	Pasivo

A la hora de dejar registradas en los libros diarios las cuentas de patrimonio neto, la regla que sigue se asemeja al activo en lugar de al pasivo. Las cuentas de patrimonio neto aumentan por el lado del Debe y disminuyen por el del Haber.

El balance

Para saber si hemos construido adecuadamente nuestro balance, hemos de verificar siempre la siguiente regla:

Activo = Pasivo + Patrimonio neto

Esto se debe a que, a fin de cuentas, los recursos los financiamos de dos maneras siempre: o acudiendo a financiación externa (pasivo) o empleando financiación propia (patrimonio neto). Dicho de otra forma, todo aquello de lo que dispones en tu empresa procede de algún sitio: bien de tus aportaciones, o bien de deudas que has contraído con terceros. Por lo tanto, para comprobar que tu balance está debidamente hecho, habrás de verificar que se cumple esta regla. Si no estás logrando que tu activo sea la suma de tu pasivo y tu patrimonio neto... revisa otra vez las cuentas.

ACTIVO	PATRIMONIO NETO
	PASIVO

Todas las materias primas, mercaderías, inmuebles, vehículos, etc., con que realices tu actividad comercial van a contar con el respaldo de una fuente de financiación previa, ya sea propia (patrimonio neto) o ajena (pasivo).

Por ejemplo, supongamos que nuestra empresa, Alimentos García S. L. tiene en su poder estos recursos o activos:

— Recursos (activo):
  — Dinero en caja y equivalentes al efectivo: 50 000 €.
  — Clientes (pendientes de cobrarles): 80 000 €.
  — Mercaderías: 60 000 €.
  — Inmueble: 100 000 €.
  — Planta y equipo: 100 000 €.

Por otro lado, esto lo ha financiado de dos formas: con financiación ajena y con propia, con pasivos y su patrimonio.

— Financiación ajena (pasivo):
  — Acreedores (cuentas pendientes de ser pagadas a nuestros acreedores): 30 000 €.
  — Préstamos con entidades bancarias: 120 000 €, de los cuales:
    — A corto plazo (menos de 1 año): 20 000 €.
    — A largo plazo (más de 1 año): 100 000 €.
— Financiación propia (patrimonio neto):
  — Capital social: 150 000 €.
  — Reservas legales: 60 000 €
  — Reservas estatutarias: 30 000 €

El resultado de nuestro activo es la suma de los recursos con los que desarrollamos nuestra actividad económica. Es decir: 50 000 € + 80 000 € + 60 000 € + 100 000 € + 100 000 €, que hacen un total de 390 000 €. Después, hemos financiado, acudiendo a fuentes externas, la suma de 30 000 € + 120 000 €, propiciando que nuestro pasivo ascienda a 150 000 €. Por último, los recursos que hemos aportado desde nuestra empresa para acometer nuestra actividad han sido 150 000 € + 60 000 € + 30 000 €, por lo que nuestro patrimonio neto es de 240 000 €. Dicho esto, debe cumplirse la igualdad expresada anteriormente:

$$\text{ACTIVO} = \text{PASIVO} + \text{PATRIMONIO NETO}$$
$$390\,000\,€ = 150\,000\,€ + 240\,000\,€$$

¿Qué sucede cuando la empresa en cuestión arrastra pérdidas o, peor, se halla en bancarrota? ¿Se sigue cumpliendo esta regla? Es normal que surjan estas preguntas.

Este otro ejemplo sirve también para ilustrarlo. Tomando el caso de Alimentos García S. L. que antes tratábamos, pensemos que está atravesando una situación de crisis y las cosas no van tan bien:

— Recursos (activo):
   — Dinero en caja y equivalentes al efectivo: 10 000 €.
   — Clientes (pendientes de cobrarles): 20 000 €.
   — Mercaderías: 15 000 €.
   — Inmueble: 30 000 €.
   — Planta y equipo: 20 000 €.

El total del activo serían 95 000 €.

— Financiación ajena (pasivo):
   — Acreedores (cuentas pendientes de ser pagadas a nuestros acreedores): 30 000 €.
   — Préstamos con entidades bancarias: 80 000 €, de los cuales:
      — A corto plazo (menos de 1 año): 50 000 €.
      — A largo plazo (más de 1 año): 30 000 €.

El total del pasivo serían 110 000 €.

— Financiación propia:
   — Capital social: 15 000 €.
   — Resultado del ejercicio anterior: -30 000 €.

El patrimonio neto resultante serían -15 000 €.
Vemos que, de nuevo, se cumple la igualdad:

ACTIVO = PASIVO + PATRIMONIO NETO
95 000 € = 110 000 € + (-15 000 €)

No olvidemos nunca que uno de los aspectos fundamentales del balance es este: que todo recurso que está a tu disposición viene financiado, bien por alguien ajeno a la empresa, o bien por los dueños de la entidad (o la entidad misma). Así, todo activo está respaldado por pasivos o por patrimonio neto/capital, de manera que la proporción siempre va a estar en equilibrio, con el total del activo como la suma de los pasivos y el patrimonio neto.

Según las cuentas que hemos abordado previamente, un balance a grandes rasgos quedaría así configurado, pero se ajustará a la realidad específica de cada negocio, ya que las cuentas del mismo variarán en función de esta.

ACTIVO	PATRIMONIO NETO
ACTIVO NO CORRIENTE	
Inmovilizado material	Capital social
Inversiones inmobiliarias	Reservas
Inmovilizado intangible	Resultado del ejercicio
Inversiones financieras a largo plazo	
Créditos otorgados a terceros a largo plazo	
ACTIVO CORRIENTE	
Caja	PASIVO
Bancos	
Inversiones a corto plazo de alta liquidez	PASIVO NO CORRIENTE
Clientes	
Efectos, letras o efectos comerciales que cobrar	Deudas a largo plazo
Cuentas por cobrar	Proveedores de inmovilizado a largo plazo
Deudores	Efectos por pagar a largo plazo
Impuestos que cobrar/Hacienda pública deudora	Fianzas recibidas a largo plazo

Anticipos al personal	PASIVO CORRIENTE
Anticipos a proveedores	
Gastos anticipados	Proveedores
Intereses por cobrar	Efectos comerciales
Dividendos por cobrar	Cuentas comerciales por pagar
Materias primas	Acreedores
Productos en curso y semiacabados	Proveedores de inmovilizado a corto plazo
Productos terminados	Anticipos de clientes
Mercaderías	Sueldos por pagar
Envases	Impuestos que pagar/ /Hacienda pública acreedora
Embalajes	Ingresos anticipados o ingresos cobrados por anticipado
Combustibles	Alquileres por pagar
Material de oficina	Intereses por pagar
Inversiones financieras a corto plazo	Comisiones por pagar
Otros	Dividendos por pagar

CUENTA DE RESULTADOS

La de resultados no es una cuenta más como las que hemos venido abordando en el balance. Tal y como adelantábamos, si el balance nos ofrece una foto, una imagen estática de nuestro negocio en un momento determinado, la cuenta de resultados nos va a mostrar un flujo, nos va a informar sobre los movimientos originados durante un lapso de tiempo determinado. El balance nos ha facilitado el «estado de situación» de la empresa un día concreto en que hemos tomado la foto, nos ha confeccionado un inventario de la realidad por la que pasa hoy el negocio con sus activos, pasivos y patrimonio neto. En este punto, la cuenta de resultados se propone ilustrarnos sobre el comportamiento de nuestras finanzas durante un periodo; nos hablará de ingresos y gastos y, con ellos, de la que ha sido y puede ser la evolución de nuestra salud financiera.

Por ejemplo, llegado el final del año, realizando el balance conoceremos la situación de activo, pasivo y patrimonio neto a fecha 31 de diciembre. Elaborando la cuenta de resultados al término del ejercicio sabremos los ingresos y gastos generados por la empresa entre el 1 de enero y el 31 de diciembre considerando las compras y ventas efectuadas, así como el cargo o abono de intereses generados por conceptos como préstamos otorgados o recibidos, además de otros pormenores como plusvalías o pérdidas derivadas de operar con instrumentos financieros como las letras, las acciones o los bonos del Estado y de empresas. La cuenta de resultados es, en definitiva, la cuenta que, exponiéndonos cada uno de los ingresos generados (ventas y otros ingresos) y los gastos incurridos (costes de producción, salarios, gastos operativos, intereses generados o debidos, impuestos, etc.), nos posibilita averiguar las pérdidas y ganancias de la empresa a lo largo de un lapso establecido y, con ello, medir el rendimiento del negocio, si estamos produciendo beneficios o pérdidas y de qué modo. Consecuentemente, va a ser importante comprender también este estado financiero, pues nos servirá para analizar cuán bien o mal funciona nuestro negocio e identificar los conceptos que más inconvenientes nos causan con vistas a tomar decisiones estratégicas al respecto.

De manera resumida, podemos representar la cuenta de resultados como sigue:

CUENTA DE RESULTADOS	
INGRESOS DE EXPLOTACIÓN	
Ingresos por ventas[7]	
Ingresos por servicios[8]	
Beneficio por venta/alquiler de inmovilizado	

---

7 Ingresos generados por vender materias primas, mercaderías, productos semiacabados o en curso, productos acabados, envases, embalaje, etc. Normalmente refieren a las ventas que hacemos de nuestro inventario.

8 Son los ingresos que percibimos cuando nos dedicamos a la prestación de servicios. Por ejemplo, si tenemos un despacho de abogados, nuestros ingresos vendrán determinados por estos servicios.

Gastos de explotación	
Gastos por ventas/Aprovisionamiento	
Materiales consumidos	
Sueldos y salarios	
Pérdidas por extravíos y siniestros sin seguro[9]	
Otros gastos	
Resultado de explotación (A)	
Ingresos financieros	
Intereses percibidos por préstamos otorgados	
Ganancias por ventas de inversiones financieras[10]	
Gastos financieros	
Intereses pagados por préstamos concedidos	
Pérdidas por ventas de inversiones financieras[11]	
Resultado financiero (B)	
Resultado antes de impuestos (A+B)	
Impuestos sobre beneficios/Impuesto de sociedades (C)	
Resultado del ejercicio (A+B-C)	

9   Las pérdidas que suframos por accidentes que afecten a nuestro negocio van a registrarse en la cuenta de resultados siempre que el seguro no nos cubra el daño que estemos sufriendo. Si solo nos cubriese una parte, habría que anotar aquí aquello que no estuviera asegurado.

10   Hacen referencia a las ventas que hagamos de instrumentos financieros como las acciones, las letras del tesoro o los bonos del Estado (o de otras empresas) en mercados secundarios. Como son instrumentos cuyo valor nominal (su cotización en el mercado) oscila, es posible que, al venderlos, tengamos una pérdida o ganancia; por ejemplo, si compramos una acción por 10 € y la vendemos por 12 €, el beneficio de 2 € habrá que registrarlo en esta parte de la cuenta de resultados.

11   Siguen la misma lógica que las «Ganancias por ventas de inversiones financieras», solo que, en este caso, hemos vendido a un precio menor de aquel por el que compramos, lo que da como resultado una pérdida que declaramos en este apartado. Si compramos una acción por 5 € y la vendemos por 3 €, efectivamente, hemos perdido por el camino 2 €.

Para acometer la cuenta de resultados, debemos recordar dos ideas elementales: por un lado, los activos generan derechos de cobro, es decir, que todo activo tiene el potencial de suponernos un ingreso; por otro lado, los pasivos dan pie a obligaciones de pago, o sea, que tienen el potencial de originar una obligación de pago.

Como observábamos con las cuentas de activo, pasivo y patrimonio neto, los ingresos también se anotan en libros diarios, por cuanto estos registran todos los hechos contables que dan lugar a dichos ingresos y a los gastos.

Ingresos

Cuando hablamos de *ingresos* estamos haciendo referencia a los flujos de dinero que nuestra empresa produce a través de sus actividades económicas. Nacen de derechos de cobro previos, de activos existentes en nuestro balance que nos dan pie a estos flujos de dinero. Nuestros recursos son los que nos van a dar lugar a estos flujos dinerarios que después se reflejan en la cuenta de resultados y que nos permiten analizar el funcionamiento de nuestro negocio.

Atendiendo a cómo se configura la cuenta de resultados, tenemos dos tipos de ingresos:

— INGRESOS DE EXPLOTACIÓN: Son los ingresos que generan las ventas de nuestros productos e inventarios, así como los que generan los servicios que prestamos a nuestros clientes en caso de que nos dediquemos al sector terciario. Igualmente, si también arrendamos o vendemos inmuebles a terceros, los ingresos resultantes de ello se registrarán en esta parte de la cuenta de resultados.

— INGRESOS FINANCIEROS: Ingresos o beneficios que se generan por la compraventa de títulos financieros, como letras, bonos o acciones, así como por percibir los intereses de estos. Ejemplo de ello son los cupones cobrados por mantener los títulos de deuda o los dividendos que nos producen las acciones que tenemos en nuestra cartera. Del mismo modo, si prestamos una cuantía a un tercero y este nos la devuelve pagando un interés acordado previamente en el contrato, tal interés es asimismo un ingreso financiero que contabilizar en la cuenta de resultados.

Si desarrollásemos más los conceptos que se resumen en los dos puntos anteriores, obtendríamos el siguiente desglose de ingresos según su naturaleza:

— Ingresos por ventas de bienes:
   — Mercaderías, productos terminados.
— Ingresos por prestación de servicios:
   — Prestación de servicios.
   — Comisiones.
   — Honorarios.
— Ingresos derivados de la cesión o alquiler de activos:
   — Derivados de inmovilizados materiales, como los ingresos generados por arrendamientos/alquileres.
   — Derivados de inmovilizados intangibles, como los ingresos por ceder la explotación de la propiedad intelectual, los cánones o derechos de franquicia.
— Ingresos por la venta de inmovilizados o activos fijos, como al comerciar con terrenos, maquinaria, etc.

Posteriormente, a la hora de plasmar en los libros diarios la cuenta de ingresos, se aplica la siguiente regla: los ingresos aumentan por el Haber y disminuyen por el Debe.

CUENTA DE INGRESOS

Debe (-)	Haber (+)

En última instancia, los ingresos habrán de reflejar el valor que nuestra empresa haya creado a través de su proceso productivo y su actividad comercial, contribuyendo a robustecer su salud financiera. Lo comprobaremos cuando los ingresos sean superiores a los gastos y, consecuentemente, la empresa arroje beneficios.

Gastos

Si los ingresos eran flujos de dinero que entraban a nuestra compañía, los gastos son radicalmente lo opuesto: los flujos que salen de la empresa para satisfacer obligaciones de pago previamente contraídas. Son nuestras obligaciones las que van a dar lugar a estos flujos que desde nuestra entidad irán a parar a terceros.

Al igual que sucedía con los ingresos, también los gastos se desgranan en dos grandes grupos:

—Gastos de explotación: Gastos que se originan como consecuencia inmediata de desarrollar nuestra actividad comercial, nuestro proceso productivo. Aquí se consideran desde los aprovisionamientos de materias primas, mercaderías, envases, combustibles, etc., hasta los salarios que se deben a los trabajadores de la empresa.

—Gastos financieros: Gastos originados por los intereses acordados en la formalización de préstamos con nuestros financiadores. Cuando firmamos un préstamo comercial para sufragar nuestra actividad, en el contrato se llega a un tipo de interés: este tipo es el que vamos a pagar mensualmente considerando la cuantía (el capital) pendiente de amortizar, de devolver. Estos gastos financieros son los costes de financiación, del pasivo. Igualmente, si hemos invertido en letras, bonos o acciones y vendemos los títulos por debajo del precio al que los compramos, estaremos contabilizando una pérdida (indirectamente, un gasto).

Si ampliamos los dos conceptos anteriores, podemos desglosar los gastos de nuestra cuenta de resultados en:

— Gastos procedentes de la compra de mercaderías.
— Gastos por consumir materias primas, combustibles, envases, embalajes, material de oficina, etc.
— Gastos en alquiler, cánones, arrendamientos, etc.
— Gastos por servicios utilizados como seguros, transporte, publicidad; servicios de profesionales como abogados, peritos o albañiles; reparaciones, mantenimiento, etc.

— Gastos de personal, salarios, cotizaciones a la Seguridad Social a cargo de nuestra empresa, etc.
— Gastos de amortización, deterioros, provisiones.
— Pérdidas por ventas de terrenos, edificios, maquinaria, etc., que cerremos a un precio menor que aquel por el que las compramos.

De igual manera, en los libros diarios se incrementan por el Debe y disminuyen por el Haber:

CUENTA DE GASTO

Debe (+)	Haber (-)

Por último, hay que señalar que los gastos expresan el valor destruido por la empresa en su proceso productivo. Es decir: una empresa con más gastos que ingresos está destruyendo más valor del que está generando, lo cual se refleja en la cuenta de resultados a través de las pérdidas.

Ejemplo: tenemos un concesionario con 45 automóviles comprados a principio de año, por un coste de adquisición de 1 450 000 €, pensando que íbamos a venderlos. Como consecuencia de la crisis económica, no estamos vendiendo todo lo que quisiéramos: en todo el año solo hemos vendido 3 modelos de gama alta cuyo precio era de 70 000 € y otros 4 de gama media cuyo precio es de 40 000 €. Además, debemos abonar los salarios de nuestros 8 empleados, que cobran 20 000 € anuales cada uno. Los gastos de luz y agua ascienden a 3000 € y 360 € respectivamente:

INGRESOS

INGRESOS POR VENTAS

Debe (-)	Haber (+)
	Año 20xx: 370 000 €

El saldo final de los ingresos es el de los ingresos por ventas ($370\,000\ € = 3 \times 70\,000\ € + 4 \times 40\,000\ €$).

GASTOS

GASTOS POR VENTAS/APROVISIONAMIENTO

Debe (+)	Haber (-)
Año 20xx: 1 450 000 €	

SALARIOS

Debe (+)	Haber (-)
Año 20xx: 160 000 €	

El saldo final de la cuenta de gastos «Salarios» será el salario de los ocho empleados: $8 \times 20\,000\ € = 160\,000\ €$.

OTROS GASTOS - LUZ

Debe (+)	Haber (-)
Año 20xx: 3000 €	

Debe (+)	Haber (-)
Año 20xx: 360 €	

El saldo final de los gastos será la suma de las cuentas de «Gastos por ventas/Aprovisionamiento», «Salarios», «Otros gastos – luz», «Otros gastos – agua»: 1 450 000 € + 160 000 € + 3000 € + 360 € = 1 613 360 €.

Mientras tanto, los ingresos generados han sido de 370 000 €. Sabiendo que RESULTADO DEL EJERCICIO = INGRESOS – GASTOS, el resultado del ejercicio de nuestro concesionario será:

$$\text{RESULTADO DEL EJERCICIO} = 370\,000\,€ - 1\,613\,360\,€$$
$$\text{RESULTADO DEL EJERCICIO} = (-)\,1\,243\,360\,€$$

Como vimos en el apartado del patrimonio neto, dentro del capítulo del balance existe la cuenta «Resultado del ejercicio». Esto quiere decir que el valor del patrimonio neto también viene determinando por cómo sea el desempeño de nuestra empresa, el concesionario en este caso. Considerando tal cosa, verificamos cómo los gastos ocasionan pérdidas que nos hacen disponer de menos recursos para afrontar nuestra actividad económica en el siguiente periodo.

Por ende, podemos afirmar que los gastos destruyen valor económico y que nuestro negocio solo podrá sobrevivir en el tiempo si nuestros ingresos generan más de lo que destruyen los gastos.

Elementos de la cuenta de resultados

Además de los ingresos y gastos que hemos tratado en el apartado anterior, la cuenta de resultados presenta otras líneas que merecen nuestra atención para analizar el funcionamiento económico y financiero de nuestro negocio:

Margen bruto

El margen bruto se calcula restando los costes de producción a los ingresos que genera esa misma producción. Esto es: a la suma de los ingresos por ventas y por servicios prestados habría que deducirle los «Gastos por ventas/Aprovisionamiento» y los materiales que se han consumido. De esta manera, podemos extraer una métrica que nos sirve para medir el rendimiento de nuestro proceso productivo antes de considerar gastos operativos como los salarios pagados o los materiales de oficina consumidos en las tareas administrativas de nuestra empresa.

Dicho de otra forma, estamos ante el resultado de sustraerle a los ingresos por ventas/servicios prestados el total de los gastos directos, los gastos cuyo coste está directamente ligado con las unidades producidas. Por ejemplo: si producimos helados, el coste de la leche empleada será proporcional a los helados producidos; en este caso, el margen bruto será lo obtenido por vender los helados menos los costes directos de producirlos, concretamente la leche empleada en su elaboración.

Es el beneficio o la pérdida que nuestra empresa obtiene como consecuencia de su actividad productiva una vez que se le añaden los gastos indirectos, como el salario del personal o la publicidad, los cuales no están vinculados de una manera directa y proporcional a la producción de nuestro producto. Si bien la leche suponía un gasto directamente proporcional a la producción de los helados del ejemplo anterior, los gastos de la publicidad utilizada, el material de oficina consumido en las tareas administrativas o los salarios de los empleados no van a estar directamente vinculados a la producción de un número determinado de helados. O sea, no son gastos proporcionales y relacionados directamente con el nivel de producción, sino que son indirectos con respecto al mismo.

Estos gastos que se le deducen al margen bruto se conocen como gastos operativos, de ahí que el resultado de explotación también se denomine margen operativo.

Resultado financiero

Se obtiene restándole los gastos financieros a los ingresos financieros con los que contemos. Nos permite analizar cómo estamos gestionando nuestra actividad financiera. Es decir, nos sirve para estudiar cómo están afectando a la rentabilidad de nuestro negocio tanto la financiación que recibimos (a través de préstamos, principalmente) como la que otorgamos (préstamos concedidos por nosotros a terceros).

Con esta partida vamos a poder examinar la rentabilidad real del negocio antes de que intervengan los impuestos. Así, lograremos comprobar si somos capaces de generar beneficios o si las pérdidas atacan y ponen en riesgo la viabilidad de nuestra empresa.

RESULTADO DEL EJERCICIO

La rentabilidad de nuestra empresa podremos medirla una vez que calculemos y restemos los impuestos que median cuando damos beneficios. Normalmente, cuando el resultado antes de impuestos es positivo, se aplica el impuesto de sociedades, el cual deduce un porcentaje de la ganancia producida; de este modo, el beneficio que nuestra empresa genera será aquel al que ya se le haya aplicado el impuesto citado[12].

---

12 Esta cuestión siempre es matizable debido a que la legislación contable y tributaria varía en función del país o la región en que operes. Hay países cuyo porcentaje que cobrar de impuesto es significativamente bajo, rozando el 0 %, mientras que otros alcanzan cuotas bastante mayores. Cabe destacar que este impuesto suele ser aplicable cuando el resultado de la empresa es positivo, o sea, cuando da beneficios. Generalmente, si, un año, el negocio da pérdidas, puede estar eximido de responder ante este impuesto, aunque siempre hay que recordar que dependerá de la legislación tributaria aplicable a tu empresa.

Ecuación fundamental de la contabilidad

En líneas precedentes, estudiando lo referente al balance y las correspondencias entre activo, pasivo y patrimonio neto, obteníamos la siguiente igualdad, que se cumple siempre que hayamos hecho correctamente el balance:

Activo = Pasivo + Patrimonio neto

La masa de tu activo va a ser siempre igual que las fuentes de financiación de donde proviene. O sea, que el conjunto del pasivo y el patrimonio neto. Toda materia prima, mercadería o dinero efectivo que tenemos en caja procede previamente, o bien de financiación externa (pasivos), o bien de financiación propia (tu patrimonio).

Asimismo afirmábamos que el patrimonio neto se compone igualmente de la cuenta «Resultado del ejercicio». Si hiciéramos una separación de esta cuenta respecto de la masa de patrimonio neto, concluiríamos que la ecuación fundamental de la contabilidad se expresa así:

Activo = Pasivo + Patrimonio neto
+ Resultado del ejercicio

Ahora bien: si separamos los gastos y los ingresos que la cuenta de resultados implica, comprenderemos que, a grandes rasgos, el resultado del ejercicio es el resultado de restarle los gastos a los ingresos:

Resultado del ejercicio = Ingresos − Gastos

Lo cual transforma la ecuación anterior en:

$$\textsc{Activo} = \textsc{Pasivo} + \textsc{Patrimonio neto} + \textsc{Ingresos} - \textsc{Gastos}$$

O, dicho de otra manera, el conjunto de los activos más los gastos es igual a la suma de los pasivos, el patrimonio neto y los ingresos:

$$\textsc{Activo} + \textsc{Gastos} = \textsc{Pasivo} + \textsc{Patrimonio neto} + \textsc{Ingresos}$$

¿Cómo es posible esta igualdad? La respuesta está en que los gastos, cuando se producen, dan lugar a que se consuman activos al emplearse recursos en las operaciones de nuestro proceso productivo. Los gastos se acometen, bien para generar ingresos, o bien para cumplir con obligaciones que previamente se han contraído. Así, los gastos consumen activos con vistas a reducir sus obligaciones o para generar ingresos. Es más: si el gasto se debe a una pérdida, esto va a afectar al patrimonio neto, asegurando que se cumpla en todo momento la igualdad.

Ejemplo: estamos a 1 de mayo de 2023; supongamos que tenemos en nuestro inventario materias primas por valor de 3000 €, financiadas enteramente con nuestro capital. De estas materias, empleamos la mitad para obtener un lote de nuestro producto final con el que acudimos al mercado. El día 3 de mayo logramos vender este lote por un total de 2500 €, dinero que recibimos en efectivo:

Activo

Materias primas

Debe (+)	Haber (-)
1 de mayo de 2023: 3000 €	1 de mayo de 2023: (-) 1500 €

Saldo final de materias primas: 3000 € - 1500 € = 1500 €.

PRODUCTOS ACABADOS

Debe (+)	Haber (-)
1 de mayo de 2023: 1500 €	3 de mayo de 2023: (-) 1500 €

Saldo final de productos acabados: 1500 € - 1500 € = 0 €.

CAJA (EFECTIVO)

Debe (+)	Haber (-)
3 de mayo de 2023: 2500 €	

Saldo final de caja (efectivo): 2500 €.

En total, nuestro activo será la suma de los saldos finales de las cuentas «Materias primas», «Productos acabados» y «Caja (efectivo)»: 1500 €+ 0 € + 2500 € = 4000 €.

PASIVO

No tenemos pasivo en este ejemplo.

PATRIMONIO NETO

CAPITAL SOCIAL

Debe (-)	Haber (+)
	1 de mayo de 2023: 3000 €

En este caso, el saldo final del patrimonio neto va a coincidir con el saldo final del capital social: 3000 €.

GASTOS

MATERIALES CONSUMIDOS

Debe (+)	Haber (-)
1 de mayo de 2023: 1500 €	

El saldo final de los gastos va a ser el saldo final de los materiales consumidos: 1500 €.

INGRESOS

INGRESOS POR VENTAS

Debe (-)	Haber (+)
	3 de mayo de 2023: 2500 €

El saldo final de los ingresos va a ser el saldo final de los ingresos por ventas: 2500 €.

Si regresamos a la ecuación fundamental de la contabilidad y sustituimos las cifras de los saldos finales, obtenemos:

$$\text{ACTIVO} + \text{GASTOS} = \text{PASIVO} + \text{PATRIMONIO NETO} + \text{INGRESOS}$$
$$4000 \text{ €} + 1500 \text{ €} = 0 \text{ €} + 3000 \text{ €} + 2500 \text{ €}$$
$$5500 \text{ €} = 5500 \text{ €}$$

Como observamos, la ecuación fundamental de la contabilidad se cumple y podemos verificar que el ejercicio ha sido correctamente ejecutado. Y, tal cual comentábamos previamente, podemos verificar cómo los gastos consumen activo de una manera u otra. En este caso, el proceso productivo conllevaba el consumo de materias primas para alcanzar el producto final, lo cual supone un gasto (en especie) de materias que teníamos registradas por un valor contable concreto.

Después, respecto a los ingresos, puede suceder que, o bien se destinen para robustecer el activo (por ejemplo, empleando parte del ingreso para comprar nuevas materias primas y parte para tener más efectivo en la caja), o bien nos sirvan para amortizar deudas y reducir así el pasivo. Los ingresos, en definitiva, tienen una mecánica diferente a la de los gastos y pueden ir destinados a fortalecer el patrimonio neto de la empresa o a sanear deudas existentes. Si optásemos por incrementar el patrimonio neto de la compañía, apreciaríamos cómo la masa del activo aumentaría.

Ejemplo: el 18 de noviembre de 2023 vendemos mercaderías que teníamos almacenadas en nuestro *stock* por 15 000 €, recibiendo transferencia bancaria. El valor contable de estas mercaderías era de 12 000 €, dinero que debíamos a nuestro proveedor desde que las compramos el día 1 de noviembre de 2023. Con él acordamos que, cuando obtuviésemos los ingresos de estas, satisfaríamos nuestra deuda, lo cual procedemos a hacer el día 19 de noviembre. Decidimos con lo sobrante repartirlo a mitades entre la adquisición de nuevas mercaderías, que pagamos al contado, y el robustecimiento del capital de nuestra compañía, manteniéndolo en nuestra cuenta corriente. Las mercaderías las pagamos al momento:

Activo

Mercaderías

Debe (+)	Haber (-)
1 de noviembre de 2023: 12 000 €	18 de noviembre de 2023: (-) 12 000 €
19 de noviembre de 2023: 1500 €	

Saldo final de mercaderías: 12 000 € + 1500 € - 12000 € = 1500 €.

Bancos (cuenta corriente)

Debe (+)	Haber (-)
18 de noviembre de 2023: 15 000 €	19 de noviembre de 2023: (-) 12 000 €
	19 de noviembre de 2023: (-) 1500 €

Saldo final de la cuenta «Bancos (cuenta corriente)»: 15 000 € - (12 000 € + 1500 €) = 1500 €.

El saldo final de nuestro activo será la suma de los saldos finales de mercaderías y bancos (cuenta corriente): 1500 € + 1500 €= 3000 €.

Pasivo

Proveedores

Debe (-)	Haber (+)
19 de noviembre de 2023: (-) 12 000 €	1 de noviembre de 2023: 12 000 €
19 de noviembre de 2023: (-) 1500 €	19 de noviembre de 2023: 1500 €

El saldo final del pasivo coincidirá con el saldo final de la cuenta «Proveedores», que en esta ocasión va a ser 12 000 € + 1500 € - (12 000 € + 1500 €) = 0 €.

Patrimonio neto

Resultado del ejercicio

Debe (-)	Haber (+)
	19 de noviembre de 2023: 1500 €

El saldo final del patrimonio neto será el saldo de la cuenta de resultado del ejercicio: 1500 €.

Ingresos

Ingresos por ventas

Debe (-)	Haber (+)
	18 de noviembre de 2023: 15 000 €

El saldo final de los ingresos serán 15 000 €.

Gastos

Mercaderías consumidas

Debe (+)	Haber (-)
18 de noviembre de 2023: 12 000 €	
19 de noviembre de 2023: 1500 €	

El saldo final de los gastos va a ser el saldo final de las mercaderías consumidas: 12 000 € + 1500 € = 13 500 €.

Si regresamos a la ecuación fundamental de la contabilidad y sustituimos las cifras de los saldos finales, vamos a obtener lo siguiente:

ACTIVO + GASTOS = PASIVO + PATRIMONIO NETO + INGRESOS
3000 € + 13 500 € = 0 € + 1500 € + 15 000 €

En este caso hemos podido comprobar cómo los ingresos generados se han empleado para sanear el pasivo, la deuda con nuestros proveedores, pero también han sido utilizados tanto para renovar nuestro activo como para ampliar nuestro patrimonio neto. Por lo tanto, se pone de manifiesto que los ingresos no solamente sirven para eliminar estas obligaciones de pago, sino que su finalidad puede resultar variada, debido a que se trata de nuevos recursos que hemos logrado y con los que podemos hacer lo que creamos conveniente. Dicho lo cual, mejor responder debidamente ante tus deudas.

CUENTAS PECULIARES

Hasta ahora nos hemos centrado en las cuentas más comunes, las que son más intuitivas y, por qué no decirlo, aquellas que se revelan más asequibles o útiles en su empleo para la contabilidad de nuestra actividad empresarial. Nuestro objetivo no es otro que aclarar los conceptos más desconocidos y esenciales y ofrecer una guía sencilla de cómo construir tus estados financieros. Con todo, no podemos olvidar una serie de cuentas contables de comportamiento *peculiar* que se tornarán en nuestro mejor complemento.

Amortización y dotaciones para la amortización

Las amortizaciones de nuestro activo es lo primero que vamos a considerar, dada su relevancia. Cuando hacemos referencia a la amortización del activo, nos detenemos para abstraer una realidad insoslayable: nuestros recursos, con el tiempo y el uso, pierden valor debido a que se desgastan. Al contabilizar anteriormente conceptos como el inmovilizado o la maquinaria, no estábamos reflejando este particular hecho contable.

La pérdida de valor se da de un periodo al siguiente, por lo que el concepto de amortización solamente opera en los activos no corrientes, es decir, en los activos a largo plazo. Esto se debe a que la base sobre la que se calcula la amortización de un activo no es otra que su vida útil. La vida útil del activo es lo que se estima que este dura en el tiempo en condiciones normales. Por ejemplo: si se estima que un camión aguanta 15 años funcionando adecuadamente, la vida útil del camión serán esos 15 años en cuestión.

Existen varios métodos para calcular cuánta es la amortización anual de un activo concreto de nuestra empresa, si bien el más sencillo es el llamado «método lineal», el cual consiste en dividir el valor del activo entre los años de su vida útil. Si poseemos maquinaria industrial cuyo valor de adquisición fue de 200 000 € y su vida útil abarca hasta 20 años, cada año la amortización será de 10 000 € (200 000 €/20 años).

Cabe destacar seguidamente que, en función del activo, distinguiremos dos tipos de cuentas de amortizaciones:

— Amortización acumulada del activo inmovilizado material. Aquí se incluye la pérdida de valor que por el tiempo y uso han sufrido nuestras instalaciones, muebles, equipos informáticos, elementos de transporte, etc.

— Amortización acumulada del activo inmovilizado intangible. Tendríamos en cuenta, por ejemplo, concesiones administrativas de las que dispongamos para explotar un recurso de propiedad pública por un tiempo determinado. Cada año que pasa de la concesión, se produce una amortización de este activo inmovilizado intangible. De la misma manera sucede con los derechos de propiedad intelectual, que tienen un plazo de vigencia en el tiempo: cada año que pase de este plazo, el derecho de propiedad intelectual tendrá menos valor. Por último, también se emplearía esta cuenta para las aplicaciones informáticas, las cuales, tras un periodo de tiempo, quedan obsoletas.

Ahora bien, ¿cómo se contabiliza esto? ¿Dónde reflejamos que nuestro activo inmovilizado pierde valor? Las amortizaciones se contabilizan, por un lado, anotándolas como un gasto y, por otro lado, en nuestro activo. Solo que, como peculiaridad, apuntamos los importes amortizados con símbolo negativo (-) dentro de nuestro activo.

Es preciso señalar que, cuando hablamos de las amortizaciones dentro del campo de los gastos, estas reciben el nombre de «Dotación para la amortización del inmovilizado material/intangible».

Ejemplo: somos una empresa que se dedica a explotar la madera de los montes forestales gracias a una concesión administrativa de 15 años cuyo valor es de 30 millones de euros. Para ello contamos con maquinaria de última tecnología, comprada a principio de año, valorada en 1 000 000 € y que puede funcionar durante 25 años antes de necesitar ser repuesta por otra nueva. ¿Cómo contabilizamos esta explotación a final de año si considerásemos solamente los hechos expresados en el enunciado? Supongamos que las máquinas las financiamos el año anterior con el capital de nuestra empresa y que la concesión tiene carácter de subvención:

Activo

Maquinaria

Debe (+)	Haber (-)
Inicio de año: 1 000 000 €	

Concesiones administrativas

Debe (+)	Haber (-)
Inicio de año: 30 000 000 €	

Amortización acumulada del activo inmovilizado material

Debe (+)	Haber (-)
Final de año: 40 000 €	

Amortización acumulada del activo inmovilizado intangible

Debe (+)	Haber (-)
Final de año: 2 000 000 €	

Como la vida útil de la maquinaria es de 25 años, cada año la amortización aumentará en 40 000 € (1 000 000 €/25 años). Y, dado que la duración de la concesión administrativa es de 15 años, la amortización se verá incrementada cada año en 2 000 000 € (30 000 000 €/15 años).

El saldo del activo será la suma de los saldos finales de las cuentas «Maquinaria», «Concesiones administrativas», «Amortización acumulada del activo inmovilizado material» y «Amortización acumulada del activo inmovilizado intangible». Sin embargo, debemos tener en cuenta que las amortizaciones irán con símbolo negativo:

Saldo final de activo: 1 000 000 € + 30 000 000 € + (-) 40 000 € + (-) 2 000 000 = 28 960 000 €. Si el saldo del activo de inicio de año eran 31 000 000 €, por efecto de las amortizaciones ha visto reducido su valor en 2 040 000 €.

Pasivo

No tenemos pasivo en este ejemplo.

Patrimonio neto

Capital social

Debe (-)	Haber (+)
	Inicio de año: 1 000 000 €

Como dice el enunciado, financiamos las máquinas con el capital que el año anterior poseíamos.

Subvenciones, donaciones y legados recibidos

Debe (-)	Haber (+)
	Inicio de año: 30 000 000 €

Las concesiones administrativas las consideramos como subvenciones que la Administración pública ha otorgado a nuestra empresa.

El saldo final del patrimonio neto queda configurado de esta forma: 1 000 000 € + 30 000 000 €= 31 000 000 €.

No tenemos ingresos en este ejemplo.

GASTOS

DOTACIONES – AMORTIZACIÓN DEL INMOVILIZADO MATERIAL

Debe (+)	Haber (-)
Final de año: 40 000 €	

DOTACIONES – AMORTIZACIÓN DEL INMOVILIZADO INTANGIBLE

Debe (+)	Haber (-)
Final de año: 2 000 000 €	

El saldo final de los gastos coincidirá en este ejemplo con la suma de las dotaciones de las amortizaciones en cuestión: 40 000 € + 2 000 000 € = 2 040 000 €.

Si regresamos a la ecuación fundamental de la contabilidad, trayendo los números de este ejemplo, tendremos:

$$\text{ACTIVO} + \text{GASTOS} = \text{PASIVO} + \text{PATRIMONIO NETO} + \text{INGRESOS}$$
$$28\,960\,000\,€ + 2\,040\,000\,€ = 0\,€ + 31\,000\,000\,€ + 0\,€$$
$$31\,000\,000\,€ = 31\,000\,000\,€$$

La ecuación fundamental sigue cumpliéndose.

Tal cual podemos verificar con el ejemplo anterior, las amortizaciones afectan al activo no corriente o inmovilizado restándole valor contable en función de su vida útil. Además, al ser un gasto, debemos considerar las amortizaciones de cara a determinar correctamente la cuenta de resultados, así como el resultado del ejercicio en el año en cuestión, lo que deviene fundamental para hallar la rentabilidad de nuestro negocio.

Deterioro de valor de activos y pérdidas por deterioro

Al igual que en el caso de las amortizaciones, los deterioros recogen pérdidas de valor de los activos que mantenemos, si bien, ahora, la causa de la pérdida de valor no está relacionada directamente con la vida útil del activo, sino con que tiene un valor recuperable menor que cuando se contabilizó. Es decir, que se han dado hechos que han provocado que el activo en cuestión tenga un valor inferior al que tenía cuando entró en nuestras cuentas contables. Por ejemplo, si tenemos un tractor y este sufre una avería que provoca un menor rendimiento, el tractor tendrá desde este instante menos valor que cuando lo adquirimos. Ha sufrido un deterioro.

La finalidad de esta cuenta de deterioros de activos es la misma que la de las amortizaciones: valorar correctamente los activos que tenemos, ofrecer una imagen correcta de lo que valen nuestros recursos. Así podremos confeccionar unos estados financieros que capturen el día a día de nuestro negocio de manera adecuada. De igual modo, hay que señalar que los deterioros no solamente se apuntan en el activo, sino que también constituyen un gasto que deberemos reflejar en nuestra cuenta de resultados y afectará, en último término, al resultado del ejercicio.

Si el valor que podemos recuperar del activo es menor al valor contable, estamos en condiciones de afirmar que nuestro activo ha sufrido un deterioro.

Los motivos por los que un activo se puede deteriorar son variados. Sobresalen entre ellos:

— OBSOLESCENCIA: Aparece un sustitutivo de nuestro activo que es mejor, ya sea en términos económicos o tecnológicos, y que hace que nuestro activo devenga menos valioso al revelarse menos competitivo.

— DAÑOS FÍSICOS: Si tenemos una flota de coches para alquilar y uno de ellos sufre un golpe, ese coche valdrá menos por el deterioro causado por el desperfecto.

— CAMBIOS EN LA DEMANDA: Nuestra mercadería es menos demandada y ve rebajado su valor contable. Por ejemplo, si tenemos un inventario de zapatillas de deporte y estas dejan de ser demandadas porque otras se ponen de moda, tendremos que rebajar su valor contable dado que a todas luces se ha deteriorado.

— CAMBIOS TECNOLÓGICOS: Si regentamos una tienda de telefonía de una marca y surge una nueva generación de teléfonos que no podemos igualar, nuestros teléfonos se van a deteriorar.

Los principales deterioros existentes son los siguientes:

— Deterioro de valor de activos no corrientes:
  — Deterioro del inmovilizado material.
  — Deterioro del inmovilizado intangible.

—Deterioro de valor de las existencias (mercaderías, materias primas, productos acabados, etc.).
—Deterioro de valor de inversiones financieras (acciones, bonos, letras, etc.).

Todos los activos son susceptibles de sufrir deterioros, ya sean inmovilizados (tangibles o intangibles), activos materiales o inversiones financieras (acciones que se devalúan, por ejemplo), entre otros. Esta mengua del valor se apuntará en la cuenta de resultados como un gasto (pérdida).

Ahora bien, mientras que la amortización es irreversible pues está sujeta al tiempo, en los deterioros no sucede lo mismo: los activos pueden recuperar valor, por lo que el deterioro es reversible. Si nuestra marca de ropa dejase de estar de moda, nuestras mercaderías (camisetas, pantalones, etc.) sufrirían un deterioro de valor; no obstante, si nos pusiéramos de nuevo de moda, nuestras mercaderías se revalorizarían y se daría una reversión del deterioro previamente apuntado en nuestros estados financieros.

Ejemplo: somos dueños de una marca de ropa conocida; decidimos sacar una línea de ropa nueva que hemos financiado con un préstamo a 6 años de 24 000 € y unos ahorros que teníamos, de 16 000 €. Con ello hemos fabricado camisetas y pantalones que queremos vender al público más joven. Sin embargo, nuestra competencia ha sacado una agresiva campaña de publicidad con la que nos ha arrebatado a la mayoría de nuestro público objetivo, rebajándose de esta forma mucho la demanda. A consecuencia de ello, nuestras camisetas y pantalones han perdido el 30 % de su valor:

Activo

Mercaderías

Debe (+)	Haber (-)
Inicio de año: 40 000 €	

Deterioro de las existencias

Debe (+)	Haber (-)
Inicio de año: 12 000 €	

El saldo final del activo va a ser la suma de las cuentas «Mercaderías» y «Deterioro de las existencias», sabiendo que el deterioro, al representar una pérdida de valor, tiene valor negativo (-): 40 000 € + (-) 12 000 € = 28 000 €.

Pasivo

Deudas a largo plazo

Debe (-)	Haber (+)
	Inicio de año: 20 000 €

Deudas con entidades financieras a corto plazo

Debe (-)	Haber (+)
	Inicio de año: 4000 €

El saldo final del pasivo será la suma de las deudas a corto y largo plazo: 24 000 €. Hay que recordar que, al contratar un préstamo, una parte habrá de liquidarse en el corto plazo (próximos 12 meses), y el resto, en los años sucesivos.

Patrimonio neto

Capital social

Debe (-)	Haber (+)
	Inicio de año: 16 000 €

El saldo final del patrimonio neto será el correspondiente al capital social: 16 000 €.

Ingresos

No consideramos ingresos para este ejemplo.

Gastos

Pérdidas por deterioro de las existencias

Debe (+)	Haber (-)
Final de año: 12 000 €	

El saldo de los gastos será el saldo de las pérdidas por deterioro de las existencias.

Si regresamos a la ecuación fundamental de la contabilidad, observaremos que:

$$\text{ACTIVO} + \text{GASTOS} = \text{PASIVO} + \text{PATRIMONIO NETO} + \text{INGRESOS}$$
$$28\,000\,€ + 12\,000\,€ = 24\,000\,€ + 16\,000\,€ + 0\,€$$

Esta pérdida de valor del ejemplo, como no hay ingresos, conllevaría una pérdida.

RESULTADO DEL EJERCICIO = INGRESOS − GASTOS
RESULTADO DEL EJERCICIO = 0 € - 12 000 €

¿Qué pasaría si cambia la moda y nuestra marca hace que las mercaderías recuperen el 50 % de su valor perdido?

INGRESOS

REVERSIÓN DEL DETERIORO DE LAS EXISTENCIAS

Debe (-)	Haber (+)
	Inicio de año: 6000 €

La reversión del deterioro supondrá un ingreso, por lo cual, en este caso, el resultado del ejercicio sería el que sigue: 6000 € - 12 000 €= (-) 6000 €.

Al final, como podemos apreciar, las reversiones de los deterioros son ajustes contables que se realizan cuando el valor que se puede recuperar por el activo es menor que el valor por el que lo registramos en nuestros libros contables. Estos ajustes no solo tienen su impacto en el balance, sino que también lo conocerán en la cuenta de resultados.

Provisiones ante contingencias

Desde el punto de vista financiero, las provisiones son unas reservas que la empresa establece anticipándose a obligaciones, gastos o pérdidas futuras pero cuyo importe exacto o cuándo se materializará no está del todo claro.

Es una dotación de fondos que la empresa proyecta ante la probable materialización de estos gastos y obligaciones, reconociéndolos en el balance y en la cuenta de resultados. Consecuentemente, estamos ante un tipo de pasivo peculiar, porque puede revertirse o materializarse por una cuantía diferente a la que anotamos.

Entre las contingencias que las provisiones tratan de cubrir se encuentran:

— Litigios pendientes ante la justicia: Cuando tenemos causas abiertas ante la justicia (ya sean civiles, mercantiles, laborales, administrativas o penales) y todavía no se sabe el fallo final de todo el procedimiento judicial, se puede anticipar una porción de los gastos que de aquí se derivarán creando provisiones, dejando separados parte de los fondos de nuestra empresa para responder ante el fallo del juez o el acuerdo con la otra parte.

— Despidos: Cuando, como empresarios, decidimos prescindir de un trabajador o de un grupo de trabajadores, contraemos una obligación con ellos que supondrá una serie de indemnizaciones que aún están por determinar, si bien reservamos una cantidad de fondos que probablemente cubran la cantidad por abonar a los empleados. A medida que se vayan realizando los pagos a los empleados que son despedidos, se irán ajustando las provisiones para reflejar los desembolsos que finalmente se llevan a cabo.

— Jubilaciones anticipadas: Este ejemplo es análogo al de los despidos. Cuando ofrecemos planes de jubilación anticipada a nuestros empleados, estamos creando hoy una obligación para pagar en el futuro a quienes se acojan al plan de jubilación anticipada. Para crear la dotación destinada a la provisión, deberemos incluir en nuestros cálculos la edad de los empleados, los beneficios comprometidos de cara a la jubilación anticipada, etc.

— GARANTÍAS DE PRODUCTOS: Si, en los contratos con los clientes, nos comprometemos a la restitución de una parte del importe en caso de avería, habremos de destinar parte de los fondos a esa probable pérdida que aún no sabemos cuándo se materializará.

En definitiva, las provisiones son fondos que reservamos ante obligaciones futuras que es altamente probable que se materialicen y cuyo importe resulta razonablemente estimable, no una cuantía completamente indeterminada. Para que puedan definirse propiamente como provisiones, los eventos futuros deben suponer el riesgo de desembolsar fondos, consumiendo parte de nuestros recursos.

Veamos un ejemplo: durante el traslado de mercancía a un cliente, el camión que la transportaba ha sufrido un accidente y todo el lote ha quedado inutilizado. En el contrato que formalizamos con nuestro cliente no especificamos quién era responsable del traslado, si nuestra empresa o el cliente; por esta razón, el cliente ha interpuesto una demanda reclamando que se le devuelva el dinero pagado. Ahora estamos pendientes de que el juzgado dicte sentencia para pagar o no según estime. El pago efectuado que efectuó el cliente a nuestra cuenta corriente fue de 15 000 €. Esperamos que la sentencia se dicte en este mismo año:

Activo

Bancos (cuenta corriente)

Debe (+)	Haber (-)
Inicio de año: 15 000 €	

Pasivo

Provisiones – litigios pendientes

Debe (-)	Haber (+)
	Inicio de año: 15 000 €

Si finalmente la justicia nos da la razón, estas provisiones se extinguirían y se considerará esta recuperación de fondos como un ingreso:

Provisiones – litigios pendientes

Debe (-)	Haber (+)
Fecha de sentencia favorable: (-) 15 000 €	Inicio de año: 15 000 €

Así, el saldo final de la provisión es de 0 €.

Ingresos

Ingresos – Extinción de provisiones

Debe (-)	Haber (+)
	Fecha de sentencia favorable: 15 000 €

Tomando el total de activo, pasivo, patrimonio neto, ingresos y gastos, tendremos la siguiente ecuación fundamental de la contabilidad:

$$\text{ACTIVO} + \text{GASTOS} = \text{PASIVO} + \text{PATRIMONIO NETO} + \text{INGRESOS}$$
$$15\,000\ \text{€} + 0\ \text{€} = 0\ \text{€} + 0\ \text{€} + 15\,000\ \text{€}$$
$$15\,000\ \text{€} = 15\,000\ \text{€}$$

Ahora bien, si la sentencia es desfavorable y la pérdida se consuma, el resultado será el que sigue:

ACTIVO

BANCOS (CUENTA CORRIENTE)

Debe (+)	Haber (-)
Inicio de año: 15 000 €	Fecha de sentencia favorable: (-) 15 000 €

PASIVO

PROVISIONES – LITIGIOS PENDIENTES

Debe (-)	Haber (+)
Fecha de sentencia favorable: (-) 15 000 €	Inicio de año: 15 000 €

El saldo de la provisión es 0 € debido a que ya se ha establecido la obligación por la que debemos responder.

REEMBOLSOS A CLIENTES

Debe (-)	Haber (+)
	Fecha de sentencia favorable: 15 000 €

El saldo final del pasivo será el saldo de los reembolsos debidos al cliente con el que, en este ejemplo, hemos perdido el juicio.

Gastos

Gastos – Extinción de provisiones	
Debe (-)	Haber (+)
Fecha de sentencia favorable: 15 000 €	

Las provisiones se formalizan aquí como gastos en los que hemos incurrido. En este caso, por 15 000 €.

Ingresos

No hay ingresos en este ejemplo.

De este modo, si volvemos a la ecuación fundamental de la contabilidad:

$$\text{Activo} + \text{Gastos} = \text{Pasivo} + \text{Patrimonio neto} + \text{Ingresos}$$
$$0\ € + 15\ 000\ € = 15\ 000\ € + 0\ € + 0\ €$$
$$15\ 000\ € = 15\ 000\ €$$

Como podemos constatar, con las provisiones estamos reservando parte de nuestros recursos ante obligaciones futuras y probables por una cuantía que entendemos razonable. En el ejemplo estaban en juego 15 000 € hasta que el juez dictara sentencia, por lo que hacer una provisión por este importe era lo correcto, ya que se presumía altamente probable que la obligación que se materializara se elevase a esa cuantía. Una vez consolidada o extinguida la obligación (sentencia desfavorable o favorable), eliminamos la provisión para atender, o bien al cumplimiento de esta (gasto), o bien al ingreso que nos supone suprimir un pasivo de nuestro balance.

En caso de que la provisión resulte menor a la obligación final, no se verá afectada la cuenta, sino que las reservas para atender el gasto materializado serán insuficientes, por lo que nos toparemos con otro gasto adicional. Si, en el ejemplo anterior, finalmente hubiéramos tenido que asumir las costas judiciales además de los 15 000 €, el importe de las costas se traduciría en un gasto adicional, por lo que la provisión no se vería afectada. Por otro lado, si, antes de que se dicte sentencia y se materialice la obligación, creemos que vamos a tener que añadir las costas judiciales y decidimos aportar más reservas para cubrir dicha posible obligación, en ese caso sí se modificaría la cuenta de provisiones:

PROVISIONES – LITIGIOS PENDIENTES

Debe (-)	Haber (+)
	Inicio de año: 15 000 €
	Costes judiciales: 2000 €

Es decir, que las provisiones son susceptibles de ser revisadas y dependerá de nosotros el dotarlas de una cantidad mayor o menor de reservas ante la obligación que se pueda materializar.

Gastos anticipados

Los gastos anticipados son los que corresponden a periodos siguientes pero adelantamos al periodo presente, de manera que no tenemos que abonarlos en los que les serían propios. Como los hemos adelantado en el tiempo, nos dan derecho futuro a aquello que hemos contratado y, por ende, suponen un activo.

Si, en el año 2023, abonamos la póliza del seguro para 2024, el pago de esta póliza constituye un gasto anticipado que se traduce en un derecho que poseeremos para 2024: es un anticipo de parte de nuestros recursos o derechos. Otro caso sería si pagamos por anticipado un lote de mercaderías que recibiremos el año que viene. Este gasto anticipado significa un activo para nuestro negocio y deberemos registrarlo tanto en nuestro balance como en nuestra cuenta de resultados.

Ejemplo: supongamos que vamos a contratar la póliza de seguros para cubrir nuestra maquinaria y tenemos la oportunidad de, en este año, pagar también la siguiente, sabiendo que el precio de la póliza es de 2000 € y la pagamos mediante transferencia bancaria:

ACTIVO

GASTOS ANTICIPADOS – SEGUROS

Debe (+)	Haber (-)
Año 0: 2000 €	

BANCOS (CUENTA CORRIENTE)

Debe (+)	Haber (-)
	Año 0: (-) 2000 €

Cuando llegue el año 1, crearemos el asiento correspondiente al gasto que se materializa en este periodo y daremos de baja el derecho que nos generaba el gasto anticipado:

GASTOS

OTROS GASTOS - PRIMAS DE SEGUROS

Debe (+)	Haber (-)
Año 1: 2000 €	

ACTIVO

GASTOS ANTICIPADOS – SEGUROS

Debe (+)	Haber (-)
Año 0: 2000 €	Año 1: (-) 2000 €

Ingresos anticipados

El de los ingresos anticipados el caso contrario al de los gastos anticipados. Estamos ingresando con anterioridad un importe que nos comprometerá a realizar una prestación de servicios o una entrega de bienes en el futuro.

Aunque, en el momento actual, esto conlleve una entrada de dinero en nuestra empresa, para el próximo año tendremos una obligación que satisfacer.

Si hoy (año 2023) nos pagan por anticipado un lote de productos que estemos desarrollando, al aceptar la entrada de este flujo estaremos contrayendo un compromiso con el cliente, de entregarle en su momento la producción demandada. Por este motivo, hoy generamos anticipadamente un ingreso que engrosa nuestro pasivo, nuestras obligaciones.

Ejemplo: nos dedicamos a la producción de ordenadores y uno de nuestros principales clientes nos paga 400 000 € para renovar todos sus portátiles el año que viene, haciéndonos transferencia bancaria:

ACTIVO

BANCOS (CUENTA CORRIENTE)

Debe (+)	Haber (-)
Año 0: 400 000 €	

PASIVO

INGRESOS ANTICIPADOS

Debe (-)	Haber (+)
	Año 0: 400 000 €

Cuando llegue el año siguiente y entreguemos lo acordado, se producirá el siguiente ajuste contable:

INGRESOS

INGRESOS POR VENTAS

Debe (-)	Haber (+)
	Año 1: 400 000 €

PASIVO

INGRESOS ANTICIPADOS

Debe (-)	Haber (+)
Año 1: (-) 400 000 €	Año 0: 400 000 €

Tanto los gastos anticipados como los ingresos anticipados constituyen lo que se conoce como «ajustes contables» y se utilizan para estas ocasiones en las que traemos al presente un gasto o un ingreso futuro, que se transforman de este modo en nuevos derechos de cobro u obligaciones de pago que deberemos reflejar en el balance y la cuenta de resultados, en nuestros estados financieros.

LOS ESTADOS FINANCIEROS

Hemos estado todas las páginas anteriores haciendo referencia a los estados financieros, ya fuera de manera genérica o centrándonos en alguna de sus formas (el balance o la cuenta de resultados). Dicho esto, repasemos estas y conozcamos algunas otras manifestaciones de los estados:

— EL BALANCE: La imagen estática de nuestra empresa; nuestros activos, pasivos y patrimonio neto. En definitiva, nuestros recursos y cómo los hemos financiado, las vías externas e internas a las que hemos recurrido para realizar nuestra actividad económica.

— LA CUENTA DE RESULTADOS: Cómo ha operado nuestra empresa, la relación de ingresos y gastos que hemos generado, y si esta al final se traduce en beneficios o pérdidas. Es el rendimiento que ha experimentado nuestro negocio a lo largo del tiempo.

— ESTADO DE FLUJOS DE EFECTIVO: Se emplea para señalar cómo se han generado los flujos de efectivo que entran en nuestra empresa, así como las salidas de efectivo. A fin de cuentas, captura los ingresos y gastos que se suceden en la empresa, permitiéndonos controlar de dónde nace el efectivo que ingresa en las arcas de nuestra compañía y cómo se emplea.

— EL ESTADO DE VARIACIONES EN EL PATRIMONIO NETO: Se utiliza para comunicar los cambios que se dan en el patrimonio neto de la empresa, reflejando los dividendos pagados a los accionistas, los beneficios generados, las pérdidas sufridas y las ampliaciones o reducciones que se hayan llevado a cabo en el capital de la entidad.

Pese a que el estado de flujos de efectivo y el de variaciones en el patrimonio neto ofrecen información relevante de cara a controlar de manera completa la vida que tiene lugar dentro de nuestra empresa, son los dos primeros estados los que resultan capitales para el éxito del negocio. Ellos van a permitir que sepas qué está pasando en tu empresa a la perfección y son los que se usan como referencia para radiografiar la situación financiera de esta.

Tras apreciar los matices del capítulo anterior, podemos reflejar a continuación una imagen más extensa del balance que, a grandes rasgos, toda empresa presenta:

ACTIVO	PATRIMONIO NETO
ACTIVO NO CORRIENTE	
Inmovilizado material	Capital social
Inversiones inmobiliarias	Reservas
Amortizaciones del inmovilizado material (-)	
Inmovilizado intangible	Resultado del ejercicio
Amortizaciones del inmovilizado intangible (-)	

Inversiones financieras a largo plazo	
Créditos otorgados a terceros a largo plazo	
ACTIVO CORRIENTE	
Caja	PASIVO
Bancos	
Inversiones a corto plazo de alta liquidez	PASIVO NO CORRIENTE
Clientes	
Efectos, letras o efectos comerciales que cobrar	Deudas a largo plazo
Cuentas por cobrar	Proveedores de inmovilizado a largo plazo
Deudores	Efectos por pagar a largo plazo
Impuestos que cobrar/Hacienda pública deudora	Fianzas recibidas a largo plazo
Anticipos al personal	PASIVO NO CORRIENTE
Anticipos a proveedores	
Gastos anticipados	Proveedores
Intereses por cobrar	Efectos comerciales
Dividendos por cobrar	Cuentas comerciales por pagar
Materias primas	Acreedores
Productos en curso y semiacabados	Proveedores de inmovilizado a corto plazo
Productos terminados	Anticipos de clientes
Mercaderías	Sueldos por pagar
Envases	Impuestos que pagar/ Hacienda pública acreedora
Embalajes	Ingresos anticipados o Ingresos cobrados por anticipado
Combustibles	Alquileres por pagar
Material de oficina	Intereses por pagar
Inversiones financieras a corto plazo	Comisiones por pagar
Otros	Dividendos por pagar

¿CÓMO MIDO LA ACTUACIÓN DE MI EMPRESA?

Por último, y para que sirva de ayuda extra de cara a una optimización de la gestión de tu empresa presente o futura, vamos a hablar de unas métricas con las que calibrar definitivamente el desempeño de tu actividad y valorar, llegado el caso, si eres solvente después de todo o más bien deberías echar el cierre o buscar ayuda. Permíteme que emplee algún anglicismo para tratar estos puntos.

Return of equity (ROE) o la rentabilidad de tu empresa

El ROE es lo más básico para ver cuán sostenible resulta tu negocio, si puede perdurar en el tiempo o está condenado. Esta métrica se suele confundir con el beneficio, que, si bien está relacionado, no es lo mismo.

La rentabilidad de la empresa es, en resumen, el beneficio generado en relación con el capital de esta. Para saber si nuestro negocio es rentable, tendremos que ver cuánto estamos generando por cada euro de capital (o, también, de patrimonio neto) que hemos aportado junto con nuestros socios. Para ello, necesitaremos el balance y la cuenta de resultados medidos para la misma fecha. Es decir: si estamos con el cierre del año, para cifrar nuestra rentabilidad deberemos conocer los beneficios generados y el capital aportado a esa fecha.

$$\text{ROE } (rentabilidad) = (Beneficios/Patrimonio\ neto\ o\ capital) \times 100$$

Por ejemplo, si el capital social de nuestra empresa es de 100 000 € y este año hemos conseguido generar de beneficio 4000 €, nuestra rentabilidad será la siguiente:

$$\text{ROE } (rentabilidad) = (4000\ €/100\ 000\ €) \times 100 = 4\ \%$$

¿Esta cifra es buena? ¿Es mala? No hay una respuesta absoluta. *A priori*, un 4 % de rentabilidad parece un buen número, pero no solo podemos centrarnos en las cifras para analizar la rentabilidad de nuestro negocio. En la medida de lo posible, necesitaremos tener en cuenta más factores para terminar de formar nuestro juicio y tomar decisiones. Hay más ingredientes que añadir en nuestro análisis:

— La rentabilidad de mis competidores: ¿Cómo les ha ido a nuestros rivales en el mercado? ¿Han obtenido más o menos del 4 %? ¿El 4 % se halla muy por encima de los demás o me deja muy atrás? Esta información solo podremos saberla si sabemos leer los estados financieros de nuestros adversarios y calcular su rentabilidad. Normalmente, este tipo de información se puede consultar en el Registro Mercantil.

— La rentabilidad de mi sector: Dar un paso más allá y no mirar solamente a mis rivales más directos, sino considerar también cómo lo está haciendo el sector. Si nos dedicamos a la jardinería, ¿cómo está evolucionando esta? ¿Está creciendo o contrayéndose? Por otro lado, si creciera, ¿a qué ritmo crece? Si el sector crece al 2 % y nosotros tenemos una rentabilidad del 4 %, nos hallaremos muy por encima de la media y nuestro negocio será más rentable que la mayoría. En cambio, si estamos creciendo a un 4 % pero el sector está en un 8 %, podremos concluir que algo estamos haciendo mal con la empresa para no estar al mismo nivel que la media del sector.

—EL RITMO DE CRECIMIENTO DE LA ECONOMÍA DE NUESTRO PAÍS: Si estamos creciendo al 4 % cuando el país está a un ritmo del 1,5 % anual, podremos darnos por satisfechos. Si el país estuviera decreciendo y nuestra empresa de jardinería sostuviese el 4 %, podríamos estar bastante contentos con la gestión del negocio. Asimismo, por el lado contrario, si la economía crece al 5 % y nosotros al 4 %, no le estamos siguiendo el ritmo e igual podemos mejorar algo. Sin embargo, para hacer este juicio deberemos tener una amplia mirada y estudiar también el comportamiento de nuestros rivales más próximos, así como el de nuestro sector específico, ya que, a veces, los problemas de rentabilidad no vienen tanto por ineficiencias nuestras en la gestión como por problemas coyunturales que afectan a los sectores económicos. Por ejemplo, si hay una subida del precio de la naranja por malas cosechas y el mercado demanda menos de esta, nuestra empresa de naranjas padecerá una menor demanda que dará pie a menores ventas y, en principio, a menores beneficios. ¿Pero es este un síntoma de que gestionamos mal? No necesariamente. En estas situaciones puede venir bien considerar el diversificar la producción que ofrecemos (producir limones, manzanas, cereal, etc.), siempre que tengamos capacidad para hacerlo.

Las mismas consideraciones debemos hacer si, en lugar de una rentabilidad positiva, tuviéramos pérdidas que nos ocasionasen una rentabilidad negativa:

ROE *(rentabilidad)* = (-3 000 €/100 000 €) × 100 = -3 %

En este punto será importante examinar la situación de nuestros rivales más próximos, cómo marcha nuestro sector, cuál es el ritmo al que crece o decrece nuestra economía, etc. Solo así podremos tener los elementos de juicio para pensar qué hacer: si mantener el negocio, si explorar nuevas ramas de actividad o incluso si echar el cierre.

Finalmente, interioriza que la rentabilidad nos está expresando los beneficios (o las pérdidas) que hemos sido capaces de generar en el plazo de un año y, así, nos sirve como medida de solvencia de nuestra entidad: un indicativo de cómo se comporta que nos será útil para poder tomar decisiones en el largo plazo (plazos mayores al año).

Return on assets (ROA) o la rentabilidad de mi activo

Esta medida es complementaria al ROE y evalúa también los beneficios o las pérdidas generadas en relación con el tamaño del activo de tu empresa. Es una manera de medir la productividad que extraes de los recursos que tienes a tu disposición, esto es, de tus activos.

ROA *(rentabilidad del activo)* = *(Beneficios/Activo)* × 100

Si bien sabemos que Activo = Patrimonio neto (capital) + Pasivo, matemáticamente, podremos deducir que el ROA va a ser menor o igual que el ROE, pues el activo es mayor o igual que el patrimonio neto o capital. El ROA es interesante dado que nos va a permitir estimar cuán eficientes somos a la hora de generar beneficios con los recursos que tenemos a nuestra disposición. Por ejemplo, si nuestra empresa cuenta con un activo total (corriente+no corriente) de 1 000 000 € y hemos obtenido unos beneficios de 35 000 €, la rentabilidad del activo será:

$$\text{ROA } \textit{(rentabilidad del activo)} = (35\,000\,€/1\,000\,000\,€) \times 100$$
$$= 3,5\ \%$$

Es decir, que, por cada 100 euros de recursos que utilizo en mi proceso productivo, estoy generando 3,5 € de beneficio. ¿Esto es mucho o poco? Como antes, deberemos valorarlo siempre cotejándolo con los demás (competidores, sector, economía) para tener un juicio bien formado.

Return on investments (ROI) o la rentabilidad de mi inversión

En la línea de lo expresado, vamos a seguir hablando de la rentabilidad, pero, en este caso, se va a acotar bastante: no vamos a medir el beneficio en relación con el capital o el activo de nuestra empresa, sino que lo vamos a hacer con relación a una inversión puntual acometida:

ROI *(rentabilidad de la inversión)* = *(Beneficios/Inversión)* × 100

Por ejemplo: si tenemos *cash* disponible por 15 000 €
e invertimos este dinero en bonos del Estado, para ver
cómo ha sido de beneficiosa la jugada usaremos el ROI. Si
decidimos vender los bonos porque se deprecian y conse-
guimos de vuelta 14 000 €, la jugada nos dará un resultado negativo de 1000 € y el ROI será:

$$\text{ROI } \textit{(rentabilidad de la inversión)} = (\text{-1000 €}/15\,000 \text{ €}) \times 100$$
$$= \text{-6,7 \%}$$

Esta métrica nos puede dar pistas sobre cómo dar los
siguientes pasos en nuestra actividad. Nos permite explorar nuevas actividades u oportunidades y saber cómo responde el mercado. Si nos dedicamos exclusivamente a
la producción de cocos, pero vamos a destinar una par-
cela valorada en 5000 € y esfuerzos agrícolas (fertilizan-
tes, regadío, etc.) por valor de 15 000 € para explotar el
plátano, cuando lo vendamos y hagamos cuentas para ver
su rentabilidad o ROI, podremos resolver si continuar por
aquí o mantener la explotación de cocos. Imaginemos que
los plátanos nos dan un beneficio de 2500 €; tendremos:

$$\text{ROI } \textit{(rentabilidad de la inversión)} =$$
$$[(2500 \text{ €}/(5000+15\,000 \text{ €})] \times 100 = 12,5 \text{ \%}$$

Si, para la misma cantidad de recursos, los cocos nos
reportan un beneficio de 2000 €, obtendremos:

$$\text{ROI } \textit{(rentabilidad de la inversión)} = [(2\,000 \text{ €}/$$
$$(5000+15\,000 \text{ €})] \times 100 = 10 \text{ \%}$$

En este caso, será interesante para nuestro negocio
optar por innovar con esta vía de los plátanos.

Hemos de distinguir entre el apalancamiento operativo y el financiero. Aquí nos vamos a centrar en el segundo, debido a que es el que mayor riesgo financiero lleva consigo y deberemos estar pendientes de él para calcular los esfuerzos que empleamos a la hora de recurrir a la deuda para financiar nuestras operaciones.

El apalancamiento financiero hace referencia a cómo de endeudada está nuestra empresa para afrontar sus operaciones. De forma resumida, podemos decir que el apalancamiento financiero es el siguiente:

$$\text{Apalancamiento financiero} = (\text{Deuda}/\text{Activo}) \times 100$$

De este modo, comprobaremos cuántos de nuestros recursos son financiados por la deuda y sabremos a ciencia cierta si estamos muy endeudados o no. La métrica nos posibilitará anticipar los costes financieros que la deuda nos va a provocar. Si tenemos préstamos a largo plazo por 100 000 € y a corto plazo por 20 000 € y nuestro activo total es de 160 000 €, el apalancamiento financiero será:

$$\text{Apalancamiento financiero} =$$
$$[(100\,000 \text{ €} + 20\,000 \text{ €})/160\,000 \text{ €}] \times 100 = 75 \text{ \%}$$

¿Es mucho un 75 % de apalancamiento financiero? Dependerá de lo que nos cueste la deuda y de la rentabilidad que seamos capaces de extraer de estos activos. Si la deuda nos cuesta un 2,5 % pero estamos obteniendo una rentabilidad de las operaciones financiadas del 3 %, ese margen del 0,5 % nos revela que el apalancamiento no está jugando en contra nuestra. Sin embargo, si nuestro rendimiento fuera del 1 % y el coste de la deuda del 2,5 %, ese 1,5 % de diferencia nos diría que estamos perdiendo dinero porque nuestro rendimiento no se sobrepone a los costes financieros.

El apalancamiento financiero va a llevar consigo el riesgo de que todo cambio en política de tipos de interés afectará a los costes financieros de nuestra empresa. En entornos de tipos bajos, con mayor liquidez en el mercado, va a ser menos costoso endeudarse y será más fácil poder rentabilizar la deuda contraída; no obstante, cuando los tipos de interés ascienden, es posible que, si estamos muy apalancados (con gran parte del activo financiado con deuda), suframos unos costes financieros elevados que reduzcan la viabilidad de nuestro negocio. Por esa razón, las decisiones de *apalancarse* no deben ser tomadas a la ligera y deberemos sopesar qué compensa más (qué es menos costoso para nuestro negocio): si financiarnos vía capital, ya sea aportando nosotros más ahorros o dando entrada a nuevos socios en la empresa, o si es más interesante crecer a través de la deuda.

Si optáramos por crecer vía capital, hemos de tener en cuenta qué rentabilidad queremos obtener de ese dinero que aportamos o qué rentabilidad esperan los nuevos socios, que será el coste del capital y tendremos que abonarlo a través de, por ejemplo, dividendos o unas acciones con mayor valor. Por otro lado, si decidimos crecer vía deuda, deberemos ser cautos a la hora de contratar los préstamos, contemplando los tipos a los que se fijan y si estos tipos son variables, y sabiendo que, en el futuro, pueden aumentar o disminuir.

Esta métrica significa *earnings before interest taxes depreciation and amortization*. Es decir, las ganancias antes de quitarles los intereses de la deuda contraída, impuestos como el de sociedades y la amortización. Sirve para medir cómo ha actuado nuestra empresa durante el ejercicio sin considerar los efectos tributarios y financieros y las amortizaciones, por lo que nos permite averiguar el comportamiento del negocio desde un punto de vista operativo. Es una forma de saber si el negocio funciona o no funciona. De esta manera, si tenemos un EBITDA positivo (esto es, si nuestra empresa funciona), nos tocará estudiar cómo nos afectan los intereses para ser o no rentables y obtener beneficios, que es el objetivo último que debemos tener. Si logramos esto, alargaremos la vida de nuestra entidad.

De hecho, el EBITDA también desvela cuánto efectivo nos queda tras restar los gastos en los que incurrimos antes de satisfacer nuestros compromisos financieros.

EBITDA = *Resultado de explotación +/(-) Resultado financiero + Depreciación + Amortización − Impuestos sobre el beneficio*

Por favor, céntrate en esta métrica. Contiene la fórmula para que tu empresa se mire al espejo y vea cómo le va. Si tu labor está siendo adecuada, deberás arrojar un EBITDA positivo. Después, para ver cuán positivo es, compáralo con tus competidores más cercanos, la media del sector, etc. Los números también necesitan contexto. No es lo mismo obtener un EBITDA de 100 € (es un ejemplo, lo esperable es que sea muy superior) cuando el resto del sector genera un EBITDA de 20 que obtener esos 100 cuando todos logran 200. Hay que saber interpretar los números ante la realidad.

Concluimos con una última métrica que se demuestra de suma importancia pese a que, normalmente, se centre toda la atención en la rentabilidad. La falta de liquidez posee la capacidad de matar en un abrir y cerrar de ojos a empresas con miles de millones de euros en su activo, como ocurrió con entidades bancarias como Lehman Brothers, Northern Rock o el Banco Popular.

La liquidez de un negocio refiere a la capacidad de una empresa de cumplir con sus obligaciones en el corto plazo. Es fundamental la facilidad con la que la empresa puede vender en el mercado sus activos para obtener dinero efectivo y cumplir con el calendario de obligaciones que tiene. Aquí se mide la disposición de la empresa para cumplir con sus pagos y obligaciones mediante sus activos más líquidos.

Existen muchas formas de calcular la liquidez de una empresa. La más simple es la siguiente:

$$Liquidez = (Activos\ corrientes/Pasivos\ corrientes) \times 100$$

Como es la relación que nos muestra la capacidad para estar al corriente de pago de aquello que debemos, podemos asegurar que lo ideal de la liquidez es que sea igual o superior al 100 %. Esto quiere decir que, como mínimo, tendremos capacidad para responder de nuestras obligaciones en el corto plazo.

Asimismo, se puede valorar la liquidez por periodos de tiempo, con vistas a detectar cuándo aflorarán problemas en el calendario en el momento de desembolsar dinero:

Liquidez (30 días) =
(Activos corrientes 30 días/Pasivos corrientes 30 días) × 100

Liquidez (90 días) =
(Activos corrientes 90 días / Pasivos corrientes 90 días) × 100

Liquidez (180 días) =
(Activos corrientes 180 días/Pasivos corrientes 180 días) × 100

De tal modo, lograremos estimar cómo va a desarrollarse nuestro calendario de pagos y podremos detectar cualquier falta de liquidez para solventar el problema y cumplir con nuestros acreedores y proveedores. Al expresarlo en 30, 90 y 180 días, lo que haremos será desglosar y tener controladas todas las operaciones que nos entrañarán desembolsos en esos periodos para así planificarnos en el corto plazo. Una buena planificación del corto plazo hará posible un buen plan empresarial para el futuro.

Sin atender a lo que tenemos en el presente, no podremos sobrevivir y toda planificación habrá fracasado. Por eso la necesidad y la utilidad del balance: todo pasa por tener claro cuándo vencen nuestras obligaciones de pago o esperamos los cobros y por actuar para que nuestro negocio prospere. Una vez que sepas leer un balance, tu misión será interpretarlo lo mejor posible para tomar las mejores decisiones y hacer de tu negocio una exitosa aventura.

*   *   *

Epílogo

No es cosa menor la contabilidad para los negocios. Al final, los casi tres millones de pymes existentes en España no buscan otra cosa que pervivir en el tiempo, y una clave esencial para ello es la correcta gestión financiera de aquellas. Alcanzar tal meta, aunque con frecuencia no se advierta de ello a quienes están a las puertas de embarcarse en un negocio, es imposible sin familiarizarse con unos hechos contables y unas herramientas cuyo manejo, en caso contrario, puede tornarse una pesadilla. De la habilidad del gestor en su empleo para explotar las posibilidades de estos recursos dependerán el éxito o el fracaso.

Espero que el lector no solo haya aprendido durante este recorrido, sino que también lo haya hecho disfrutándolo y se sienta ahora dispuesto a continuar la andadura.

Saber cuál es la historia de nuestro negocio resulta primordial para seguirla escribiendo y para que, si esta hubiera de tener fin, fuera un final verdaderamente feliz. Esa ha sido la razón principal de esta obra, la voluntad de arrojar algo de luz para que, cuando el día a día nos aborde, seamos capaces de pararnos a reflexionar sobre los hechos económicos que nos acontecen y anticiparnos. En realidad, el propósito de este escritor aquí no es otro que ayudar a todo aquel que no sepa a leer su propio balance.

Este libro se terminó de imprimir, por encargo de Almuzara, el 10 de mayo de 2024. El mismo día de 1902 se otorga la escritura de constitución del Banco Español de Crédito, con un capital social fijado en veinte millones de pesetas. Banesto, que llegó a ser una de las entidades financieras más importantes del país pero acabó hundido en una grave crisis de solvencia, quedó intervenido por el Banco de España en 1993 y al año siguiente fue adquirido por el Banco Santander, que lo absorbió y liquidó definitivamente en 2013.